I0766103

VIVE DE TUS AHORROS

Un método sencillo

para ahorrar e invertir sin esfuerzo

ÍNDICE

PRÓLOGO

Cada año se publican en España más de 80.000 libros. Tienes miles de opciones para elegir, ¿por qué deberías invertir tu tiempo en leer este libro?

Por una sencilla razón: todo lo que cuenta César en su libro lo ha puesto primero en práctica en su vida, con unos resultados espectaculares.

César ha conseguido tener una situación económica envidiable. Disfruta de un trabajo que le apasiona y se toma vacaciones cada 3 meses donde le apetece en el mundo. Ha generado un colchón de ahorros muy significativo que le da una gran tranquilidad financiera y además les ha sacado una buena rentabilidad gracias a sus inversiones.

En este libro, César te cuenta cómo ha conseguido tanta libertad financiera, y lo hace de una forma cercana y práctica, sin dejarse ningún detalle en el tintero y explicando bien todos los errores típicos a evitar.

Vas a leer su libro en menos tiempo de lo que tardas en ver una película de Hollywood y, si pones en práctica lo que César te explica, vas a tener unos resultados increíbles en tu vida.

Luis Pita. Autor del libro *Ten peor coche que tu vecino*

INTRODUCCIÓN

POR QUÉ LEER ESTE LIBRO

Este libro propone un método sencillo y eficaz de inversión a largo plazo para personas con ingresos normales a las que les preocupa su futuro.

Aquí aprenderás a invertir empleando solo 5 minutos al mes. Ganarás más que muchos inversores profesionales, gracias a un enfoque minimalista: con una estrategia clara, sistemática y sobre todo, sencilla.

Además, no necesitas invertir todo tu patrimonio de golpe. Puedes probar primero con una parte pequeña de tus ahorros y, si te convence el sistema, ir ampliando tu inversión.

Si quieres ser capaz de vivir de tus ahorros, o al menos ser capaz de ahorrar lo mínimo para vivir tranquilo, éste es tu libro.

A QUIÉN VA DIRIGIDO ESTE LIBRO

Este libro va dirigido sobre todo, aunque no exclusivamente, a:

- Personas de menos de 50 años, con unos ingresos más o menos estables, a los que les preocupa su jubilación.

- Personas de más de 20 años que quieren jubilarse lo más pronto posible, a los 35 o antes.

- Personas de cualquier edad que quieren alcanzar la independencia financiera.

- Ahorradores que quieren aprender a invertir a largo plazo en productos financieros.

- Ahorradores escarmentados, que han invertido y perdido muchas veces y quieren probar algo diferente.

Estos perfiles no son excluyentes. Si no encajas en ninguno, sigue leyendo; tal vez este libro sea para ti también.

QUÉ ESPERAR DE ESTE LIBRO

Nadie sabe lo que va a pasar en el futuro. Lo que sí que se sabe es que, de media, las bolsas mundiales han obtenido rentabilidades de entre el 7 y el 10% durante los últimos 100 años o más. También se sabe que, a largo plazo, todas las bolsas suben (ver anexo 3).

Por tanto, es razonable esperar obtener una rentabilidad del 6% anual, siendo conservador, siempre y cuando mantengamos nuestros ahorros invertidos durante el tiempo suficiente.

Aquí aprenderás cómo obtener esos rendimientos siendo un pequeño inversor. Te enseñaré a invertir a largo plazo usando fondos de inversión y a ganar cuando casi todos pierden. Sabrás evitar las trampas en las que muchos caen, y conocerás las ventajas y desventajas de otras inversiones alternativas.

Además, si te mantienes fiel a la estrategia propuesta, es prácticamente imposible que pierdas dinero. Podría haber momentos puntuales en los que tu balance sea negativo, pero se compensará a largo plazo casi con total seguridad. Puedes estar tranquilo.

BENEFICIOS ADICIONALES

En cualquier situación, siempre es mejor tener ahorros que no tenerlos. Si estás leyendo este libro, seguramente estés de acuerdo, así que no me extenderé. Mi método te permite ahorrar y a la vez multiplicar lo ahorrado. Pero, además, tiene otras ventajas:

- Te permite invertir sin tener capital acumulado previamente. Puedes empezar con 100 euros o menos.

- Te ahorra tiempo. Solo necesitas 5 minutos al mes. No hay que vigilar las inversiones, analizar la prensa económica, usar programas sofisticados o aprender fórmulas. 5 minutos al mes. Nada más.

- Te da tranquilidad. Nosotros invertimos y olvidamos. No hay nada de lo que preocuparse. Solo actuar de acuerdo a un plan: tu plan.

- Te hace sentirte bien. Cuando todos los meses estás ahorrando y además tus ahorros crecen, te sentirás bien, lo cual a su vez ayudará a que sigas invirtiendo.

- Te da libertad financiera. Siguiendo este método, irás acumulando dinero suficiente como para vivir sin depender de nadie durante cada vez más tiempo. Esto puede ser clave a la hora de tomar ciertas decisiones en la vida, como cambiar de carrera profesional, viajar, hacer compras importantes, tener un hijo, etc.

LO QUE SE NECESITA Y LO QUE NO

Para aplicar este método y alcanzar tus objetivos financieros, necesitarás:

- Constancia. Este método funciona si se aplica mes a mes, año a año, durante varios años. Invertir debe ser algo automático. Debe ser un hábito.

- Capacidad de ahorro. Si el día 20 de cada mes ya te has gastado la nómina, debes centrarte en el ahorro, no en la inversión. Hay mucho escrito sobre esto. Si es tu caso, te recomiendo el libro *Ten peor coche que tu vecino,* de Luis Pita, o, si hablas inglés, el libro *I Will Teach You to Be Rich,* de Ramit Sethi.

- Confianza. El método solo funciona si se aplica sistemáticamente, independientemente de lo que ocurra a nuestro alrededor. Sus principios son sólidos y está respaldado por la evidencia científica, y por inversores de gran prestigio y experiencia, como Warren Buffet y Ray Dalio. Si no tenemos confianza, cuando la cosa pinte fea, lo echaremos todo a perder.

- No dejarnos influenciar por el entorno. Esto es una maratón, y durante el camino mucha gente pondrá en duda lo que hacemos. Si nos dejamos arrastrar por lo que dicen los demás, fracasaremos.

Por el contrario, NO se necesita:

- Tener ingresos elevados. Este método funciona con cualquier cantidad de ahorro.

- Aprender cosas complicadas. Este método lo puede seguir cualquiera que sepa manejar la web de su banco y una calculadora.

- Saber de economía, finanzas, etc. Todo lo que necesitas saber para ahorrar e invertir con éxito está en este libro. En concreto, en el primer capítulo, que son solo unas pocas páginas.

ESTRUCTURA DEL LIBRO

Este libro se compone de seis capítulos, más los anexos.

El primer capítulo explica los conceptos necesarios para entender el método. Si tienes una buena cultura financiera, seguramente ya los conozcas todos. Lo único que tal vez no sepas es qué es un *fondo indexado*. Si es tu caso, lee el apartado correspondiente.

El segundo capítulo profundiza en el método en sí. Aprenderás cuándo, cómo y dónde invertir.

El tercer capítulo detalla los aspectos psicológicos. Aquí te preparo para los malos momentos que inevitablemente surgirán en el futuro. Sabrás qué esperar y cómo responder.

El cuarto capítulo se centra en el entorno. Detallaré las particularidades de los mercados financieros, las trampas a evitar, los distintos actores que nos encontraremos, etc.

El quinto capítulo trata sobre la inversión inmobiliaria. Explicaré sus ventajas e inconvenientes y cómo trabajan los profesionales del sector.

En el sexto capítulo resuelvo las dudas más frecuentes que suelen plantearme acerca del método, como por qué siempre invertimos como lo hacemos, qué hacer si no conseguimos ahorrar, etc.

Por último, los anexos te permitirán profundizar en algunas de las ideas más importantes del libro.

TENGO UN REGALO PARA TI

Querido lector, me gustaría agradecerte tu interés por mi libro. Por eso he realizado un vídeo donde muestro cómo analizar los fondos de inversión que existen y cómo elegir los más convenientes.

Puedes verlo haciendo clic en este enlace:

1: https://www.youtube.com/watch?v=qtQglx_5Wlk

2: https://www.youtube.com/watch?v=u80YbcKvqeg

Si quieres, puedes contactar conmigo si necesitas ayuda con tus inversiones, o si tienes dudas. No te cortes, ¡escríbeme! Mi correo es:

cesar@vivedetusahorros.com

19

CAPÍTULO 1: CONOCIMIENTOS FINANCIEROS IMPRESCINDIBLES

ACCIONES, BONOS Y FONDOS DE INVERSIÓN

Acciones. Una acción es un documento que da derecho a entrar en el reparto de beneficios de una empresa.

Imagina una empresa, por ejemplo, Telefónica. Telefónica vende sus servicios, y cobra por ellos. A final de año, hacen cuentas para saber cuánto han ganado. Si eres accionista de Telefónica, te darán dinero cuando se repartan beneficios, en proporción al número de acciones que tengas.

Renta variable. Las empresas, unos años ganan más y otros años ganan menos. Por tanto, unos años reparten más beneficios y otros años reparten menos. Por eso las inversiones en acciones se conocen como *renta variable,* porque la renta, es decir, el dinero que nos dan por ser accionistas, varía de año en año.

Renta fija. Al igual que existe la renta variable, léase acciones, existe la renta fija, es decir, bonos. Un bono es un documento por el cual un estado o una empresa muy grande se compromete a darte una cantidad fija de dinero dentro de un tiempo. Esta cantidad será igual a lo que invertiste (el capital) más un interés. Al contrario que con la renta variable, en el momento de la contratación sabes exactamente cuánto vas a ganar.

El ejemplo más típico son las Letras del Tesoro, donde es el Estado español el que pide dinero prestado a cambio de un interés, generalmente raquítico porque el riesgo de impago es muy bajo.

Activos. Un activo es cualquier cosa que da dinero. Las acciones y los bonos son activos, pero también una casa, si recibes ingresos por el alquiler, es un activo. Un negocio que da beneficios es un activo para sus dueños.

Hay activos que van bien en tiempos de bonanza, y otros (bastantes menos) que van bien en tiempos de crisis. Los primeros son los procíclicos y los segundos, los anticíclicos. Por ejemplo, los bienes inmuebles son procíclicos. Sin embargo, el oro es anticíclico, porque la gente tiende a adquirirlo cuando hay incertidumbre. Igual pasa con la renta fija.

La bolsa. Es el lugar donde se compran y venden acciones. Tú no puedes comprar acciones directamente en la bolsa. Lo tienes que hacer a través de un intermediario (broker), normalmente, un banco.

El precio al que se compran y se venden las acciones se conoce como cotización: es lo que tú pagas por la acción. Este precio o cotización varía minuto a minuto en la bolsa y a veces sube o baja con fuerza, sobre todo si hay alguna noticia que afecte a la empresa que emite la acción.

Índice. Un índice es una media de las cotizaciones de un conjunto de acciones a lo largo del tiempo. Los índices nos dan una idea de cómo va la bolsa en su conjunto. Algunos ejemplos de índices son:

- El IBEX-35, que contiene las 35 empresas más grandes de España que cotizan en bolsa, en proporción a su tamaño.

- El Standard & Poor's 500, conformado por las 500 empresas estadounidenses más grandes, también en proporción a su tamaño.

- El Eurostoxx 50, que abarca las 50 empresas europeas más grandes.

Cuando oyes que el IBEX estaba a 10.000 puntos y ahora está a 9800, quiere decir que el conjunto de las acciones de las 35 empresas más grandes de España ha bajado un 2%. Dentro de ese 2%, algunas habrán subido y otras habrán bajado. El 2% es la media del conjunto.

Fondos de inversión. Un fondo de inversión es una cesta de acciones de diferentes empresas de la cual tu puedes comprar una participación. El fondo es gestionado por una empresa especializada o un banco.

Como el fondo es dueño de esas acciones, recibe los beneficios correspondientes cuando estos se reparten. Los beneficios pueden ser reinvertidos, es decir, usados para comprar más acciones y recoger más beneficios, o repartidos entre los participantes del fondo.

Tú puedes comprar participaciones de un fondo de inversión y retirar dinero cuando quieras. Tus ganancias serán las que generó el fondo con tu dinero, menos las comisiones correspondientes.

LOS FONDOS DE INVERSIÓN INDEXADOS

Hay básicamente dos tipos de fondos de inversión: los fondos administrados, o de gestión activa, y los indexados, o de gestión pasiva. En los primeros, un equipo de expertos decide qué acciones componen el fondo en cuestión. Los segundos compran acciones de un índice bursátil de referencia en la misma proporción en la que están en dicho índice. Si Telefónica representa el 15% del IBEX 35, compran un 15% de acciones de Telefónica.

Los fondos administrados pueden ganar más o menos que el mercado según elijan mejor o peor las acciones. Los segundos se moverán igual que el índice de referencia: cuando este sube, suben lo mismo que el índice, y cuando baja, bajan lo mismo también.

A primera vista, parece mejor confiar siempre en los expertos. Pero la realidad es que, desgraciadamente, estos expertos rara vez superan al mercado a largo plazo. Esto ocurre principalmente porque:

- Operar (comprar y vender acciones) es caro, lo cual resta rentabilidad al fondo.

- Estos expertos son profesionales muy cualificados que ganan mucho dinero, dinero que sale del fondo.

- Necesitan hacer análisis muy sofisticados que requieren de personal de apoyo, ordenadores, etc.

- Suelen tener asociados muchos gastos de comercialización y gestión.

Todo esto explica por qué que sus ganancias rara vez superen la media del mercado, es decir, de lo que esperaríamos ganar eligiendo las acciones al azar, o, mejor aún, comprando un fondo indexado.

Por el contrario, los fondos indexados apenas operan y no necesitan expertos, ya que la inversión es automática. Eso permite que sus comisiones sean mucho más bajas y la rentabilidad total de sus participaciones mayor. Además, como toman de referencia un índice, invierten en empresas de gran solvencia, porque, si no lo fueran, no estarían en el índice.

Nosotros preferiremos siempre los fondos indexados a la hora de invertir.

LA DIVERSIFICACIÓN

Diversificar significa no poner todos los huevos en la misma cesta. Consiste en repartir nuestras inversiones entre varios activos (activo = algo que da dinero). Así, los que vayan mal se compensarán con los que vayan bien. Lo que perseguimos al diversificar es reducir el riesgo del conjunto de nuestras inversiones, sin renunciar a la rentabilidad.

Existen varios tipos de diversificación:

- Por tipo de inversión. Puedo diversificar invirtiendo una parte en bonos, otra en fondos de inversión, otra en inmuebles, arte, acciones individuales, etc.

- Por zona geográfica. Puedo diversificar también si solo compro un tipo de activo, pero en distintas partes del mundo. Puedo comprar una casa aquí y otra en Singapur. Si el mercado aquí va mal y allí bien, no pierdo. Reduzco así mi riesgo.

- Por momento de la inversión. En lugar de invertir de golpe en un momento dado, puedo ir invirtiendo poco a poco, de modo que, si el precio del activo que compro pega un bajón, las siguientes compras del activo las hago a un precio más bajo.

Nuestro método diversifica las inversiones, como hace cualquier plan de inversión sensato.

EL TIPO DE INTERÉS COMPUESTO

Dicen que Einstein definió el tipo de interés compuesto como "la fuerza más poderosa de la naturaleza", y vaya si lo es. Así que bien merece que le prestemos atención.

Imagina que tienes 1.000 €, y que los inviertes al 7% anual, que es más o menos la rentabilidad histórica de las bolsas. Entonces, dentro de un año, tienes 1.070 €: 1000 * (1 + (7/100)).

El segundo año, inviertes tus 1.070 €. Pasado un año, tendrás 1.144,90 €: 1.070 * (1 + (7/100)).

Si sigues haciendo esto, el quinto año tendrás 1.402,55 €, más que si te dieran el 35% de interés el quinto año (1.350 €). La diferencia se debe a que reinvertimos los intereses.

El quinto año no parece que haya gran diferencia, pero fíjate. El décimo año, tendrías 1.967,15 €, es decir, prácticamente has doblado tu inversión. El año 15, tienes 2.759,03 €, casi el triple, el año 20 tienes 3.869,68 €, casi 4 veces más. El año 30, tienes 7.612,26 €, casi 8 veces lo que pusiste. Ese es el poder del interés compuesto.

Como ves, el crecimiento es exponencial; cuanto más tiempo pasa, más ganas. Por eso hay que dejar al dinero el tiempo necesario para que trabaje por ti.

Ten en cuenta que esto no funciona si retiramos los beneficios. ¡No lo hagas!

QUÉ ES INVERTIR Y QUÉ NO LO ES

La inversión es el acto de comprar un activo, es decir, algo que da dinero de forma sostenida en el tiempo. Si, por ejemplo, compro una casa y la alquilo, estoy invirtiendo. Pero si compro una casa para venderla en un año, sin hacerle ninguna mejora ni nada, no estoy invirtiendo: estoy especulando. Esto no es bueno ni malo, simplemente, no es inversión.

Existen muchos tipos de inversiones. Las más conocidas son las inversiones inmobiliarias y las financieras, pero hay otras, como empresas, arte, materias primas, divisas... Nosotros nos centraremos en las inversiones financieras.

El trading es la actividad consistente en comprar productos financieros, generalmente acciones, para venderlos en el mismo día o pocos días después. Se espera obtener un beneficio rápidamente, pero, como detallo en el capítulo 3, esto no suele ocurrir.

Mucha gente confunde inversión financiera con trading, pero la diferencia es muy grande. Cuando invertimos, lo hacemos con visión de largo plazo. Cuando hacemos trading, es para ganar dinero ya. Invertimos para asegurar nuestro futuro, hacemos trading para ganar dinero rápido.

Si invertimos bien, lo normal es que ganemos, y es más probable cuanto más tiempo mantenemos la inversión. Con el trading, lo normal es que perdamos, y esto es también más probable cuanto más tiempo mantengamos la inversión. Pasa como con el póker: una mano puedes tener suerte, pero cuando tus contrarios son jugadores profesionales, ten por seguro que acabarás perdiendo.

Tienes más información acerca del trading en el capítulo 4.

28

LAS CARTERAS

Una cartera es un conjunto de activos que pertenecen a un inversor.

Estos activos deben estar bien diversificados, ya sea por tipo de activo, por zona geográfica o por ambas cosas. Dependiendo del inversor, la composición de la cartera, es decir, los activos concretos que contiene, serán unos u otros, y podrá cambiar en el tiempo.

Cada activo representará un porcentaje del total de la cartera. Esto es importante porque en nuestro método nos basaremos en los porcentajes de nuestra cartera para operar, es decir, comprar y vender inversiones.

LIBERTAD E INDEPENDENCIA FINANCIERAS

Estos dos conceptos son importantes. Sirven para medir cuán libres somos de la esclavitud del trabajo.

Tu libertad financiera es la cantidad de tiempo que puedes vivir "tirando" de tus ahorros sin comprometer tu nivel de vida. Si, por ejemplo, tienes 10.000 € ahorrados y gastas 1.000 € al mes, tu libertad financiera es de 10 meses.

Ser financieramente independiente significa que tus activos generan suficiente dinero para cubrir tus gastos. Siendo así, no necesitas trabajar para mantener tu nivel de vida, y no te comes tus ahorros. Puedes "vivir de las rentas" indefinidamente.

Si gastas 1.000 € al mes y tienes dos casas alquiladas que te dejan 500 € limpios cada una al mes, eres financieramente independiente.

También puedes ser financieramente independiente con fondos de inversión. Supongamos que tus fondos generan de media un 7% anual de intereses. Entonces, si tienes ahorrados 171.428 € (1.000 / 0.07) * 12, tus fondos generan 12.000 € al año, que son 1.000 € al mes. Serías financieramente independiente también.

Fíjate que tanto la libertad como la independencia financieras dependen tanto de los ingresos como de los gastos. Mucha gente gana mucho, pero gasta mucho y no ahorra. No viven bien, aunque lo parezca, pues soportan un estrés brutal. Cualquier contratiempo puede sacarlos de su sueño dorado, y lo saben.

Contrariamente a lo que se piensa, la mayoría de personas financieramente independientes no son multimillonarios famosos, sino gente corriente con ingresos normales que han ahorrado mucho e invertido bien durante años.

Este es el camino más seguro hacia la riqueza. Si no me crees, puedes leer el libro *El millonario de la puerta de al lado,* de Thomas J. Stanley. Te sorprenderá.

Te invito a que calcules tus gastos anuales, tu libertad financiera actual y la cantidad que te haría financieramente independiente, y a que juegues un poco con los números. Los resultados pueden asombrarte.

CAPÍTULO 2: EL MÉTODO

Nuestro método se basa en tres pilares:

- PILAR 1. Una cartera de fondos indexados bien diversificada.

- PILAR 2. Inversión ciega. Se invierte según un plan fijado de antemano. Nuestras decisiones son independientes de la situación, el momento y el entorno.

- PILAR 3. Ahorro e inversión sistemáticos. Ahorramos e invertimos todos los meses, en el momento en que el dinero está disponible.

Pasaremos ahora a detallar los 3 pilares.

PILAR 1. LA CARTERA DE FONDOS INDEXADOS

Hemos visto la importancia de la diversificación y las ventajas de los fondos indexados. Por tanto, nuestra cartera contendrá varios de esos fondos. Pero ¿en qué proporción?

No existe una regla fija. Nadie sabe lo que va a pasar en el futuro, así que debemos construir una cartera que se comporte razonablemente bien en todos los escenarios posibles. Esto lo conseguimos gracias a la diversificación.

Por ejemplo, una composición de cartera podría ser ésta:

- 33%: fondo indexado, acciones de empresas europeas.

- 33%: fondo indexado, acciones de empresas estadounidenses.

- 33%: fondo indexado, acciones de países emergentes.

Estos porcentajes son los que utilizo yo. Están fijados así porque creo que en los próximos 20 o 25 años, que es cuando retiraré mi dinero, Europa crecerá menos que EEUU, pero sus acciones están más baratas hoy, así que más o menos se compensa. También pienso que el resto de países (los emergentes) crecerán más, pero tienen más riesgos.

Esta opinión es solo eso, una opinión: tú puedes pensar que sería mejor 40%-40%-20%, o 50%-40%-10%, o cualquier otra combinación. Ni tú, ni yo, ni nadie sabe qué va a pasar mañana, y mucho menos a 30 años vista.

Lo importante es que, con estas distribuciones u otras parecidas, nuestras carteras en su conjunto se van a comportar bien seguro, gracias a la diversificación.

Existen fondos indexados que incluyen acciones de todo el mundo, con lo cual, comprándolos evitas hacer tú este ejercicio de opinión. También podrías incluir fondos que invierten en empresas pequeñas, que históricamente han tenido más rentabilidad que las grandes, según demuestran varios estudios estadísticos.

Otra opción sería diversificar por actividad. Por ejemplo, en mi cartera podría incluir también un fondo basado en inmuebles. Así reduzco mi riesgo, porque, si las bolsas van mal y los inmuebles van bien, la cartera no pierde.

Yo personalmente creo que no compensa y por eso prefiero las acciones, y por eso no tengo ningún fondo inmobiliario. Pero no deja de ser un criterio subjetivo: tú debes decidir el tuyo.

Por último, podrías incluir en tu cartera renta fija, es decir, básicamente Letras del Tesoro y otros activos similares de riesgo muy bajo. Esto es más recomendable cuanto más cercana está la fecha en la que piensas recuperar tu dinero. Si, por ejemplo, piensas hacerlo en 5 años, deberías tener al menos la mitad en renta fija.

Algunos inversores incluyen siempre algo de renta fija, porque normalmente cuando la renta fija va bien, las acciones van mal y viceversa. A mayor proporción de renta fija, menores oscilaciones en tu rentabilidad (es decir, menos sustos), pero también menor rentabilidad esperada.

Incluir renta fija es bueno si eres de los que llevan muy mal perder dinero. Si sabes que cuando pierdes un 15 o un 20% de tu inversión entras en pánico y vendes, debes incluir una buena proporción de renta fija en tu cartera.

Piénsalo bien, pero sin pasarte. Una vez que decidas en qué vas a invertir y en qué proporción, no lo cambies. Tampoco te obsesiones. Cualquier decisión bien razonada es infinitamente mejor que darle mil vueltas y no hacer nada.

En el anexo 1 puedes ver algunos otros ejemplos de carteras, por si te sirven de guía.

PILAR 2. AHORRO SISTEMÁTICO

Debemos ahorrar una cantidad fija todos los meses, idealmente el 10% de tus ingresos o más, e invertirla antes de que tengas ocasión de gastártela. Debes hacerlo mes a mes, año a año.

Ahorrar cuando cobramos, en lugar de hacerlo a fin de mes, es preahorrar. Cuando preahorramos, en vez de pensar que tenemos, por ejemplo, 1.500 €, pensamos que tenemos 1.300 € y nos amoldamos automáticamente. Pronto nos acostumbraremos y viviremos igual de felices, y más tranquilos, porque tendremos ahorros.

¿Nunca te ha pasado que el día 10 del mes casi no te queda dinero en la cuenta? No es agradable, ¿verdad? Cuando ocurre, empiezas a gastar menos. Dices que no a algunos eventos sociales. Dejas de comprar ciertas cosas, o las pasas al mes siguiente. Y llegas a fin de mes.

El dinero es como el tubo de la pasta de dientes: siempre puedes estirarlo un poco más. Además, cuando no lo tienes, te vuelves más creativo: empiezas a buscar planes alternativos en los que no necesites gastar tanto, o a cambiar ciertas costumbres.

Al final, todo una cuestión de hábitos. Gastamos lo que gastamos porque nuestros hábitos hacen que gastemos eso. Para gastar menos, solo tenemos que cambiar de hábitos. No esperes a estar tieso para hacerlo.

Recuerda: ahorrar no funciona, preahorrar sí. Debes transferir todos los meses una cantidad fija de tu cuenta corriente a tu cuenta de inversión el mismo día que cobras. Así no das opción a que las tentaciones se coman tu ahorro.

PILAR 3. INVERSIÓN CIEGA

Debemos invertir siempre según entra el dinero en nuestra cuenta de inversión. Es un error tratar de anticiparse al mercado. En el momento en que entra dinero en nuestra cuenta, invertimos.

Esto es difícil porque a veces coincide que hay malas noticias en la televisión, periodos de recesión, cracks bursátiles, crisis políticas, etc. ¡Qué te voy a contar, después de esto de la COVID-19!

Otras veces pensamos que vamos a necesitar el dinero para otra cosa, que si vienen las vacaciones, que si la lavadora está a punto de romperse...

Debemos abstraernos de todo eso e invertir todos los meses pase lo que pase. Y no es fácil. Por eso casi nadie consigue ahorrar.

Para evitar tentaciones, todos los meses, según entre el dinero en nuestra cuenta, invertimos. Sin pensar. Pase lo que pase. Y luego, a gastar con alegría. Pero luego.

Debemos ser como Ulises volviendo de la guerra de Troya. Si recuerdas la historia, Ulises debía atravesar un mar donde había sirenas, cuyo canto era capaz de embelesar a los marineros, haciendo que se arrojaran al mar y murieran ahogados.

Ulises ordenó a sus marineros que se taparan los oídos con cera. Él se ató al mástil del barco con los oídos descubiertos e instruyó a sus marineros para que no lo desataran por mucho que suplicase. De esta forma, pudo escuchar los cantos de las sirenas y vivir para contarlo.

Querido lector, escucharás cantos de sirena financieros todo el tiempo. Unas veces, tratarán de atraerte hacia el agua con inversiones milagrosas o con cosas irresistibles para comprar. Otras veces, intentarán asustarte para que saltes del barco y te ahogues. No lo hagas. Sigue atado bien fuerte a tu mástil y tapa tus oídos con la cera del conocimiento.

Y recuerda: todos los meses debes invertir una cantidad prefijada según entra el dinero en tu cuenta de inversión. Pase lo que pase.

CÓMO CREAR MI PROPIA CARTERA EN LA PRÁCTICA

PASO 1. Decide con qué banco vas a operar

Debes buscar un banco que te permita contratar los fondos que quieres, es decir, fondos indexados con comisiones bajas, y que, además, ofrezca comisiones de gestión competitivas.

Recuerda que un fondo indexado es mejor que otro si:

- La diferencia entre lo que sube o baja el valor de las participaciones del fondo y lo que suben o bajan las acciones en las que invierte es pequeña, tanto por exceso como por defecto.

- Las comisiones totales, compuestas por la suma de las del fondo más las del banco, son más bajas.

Hoy por hoy, los mejores fondos indexados que conozco, por su combinación de gran calidad y bajas comisiones, son los de Vanguard y Amundi.

Desgraciadamente, pocos bancos los ofrecen al pequeño inversor. Prefieren vender otros con mayores comisiones y, por tanto, mucho más rentables para ellos. Ten cuidado. Encontrarás más información sobre esto en el capítulo 4.

Para que te hagas una idea sobre las comisiones máximas que deberías tolerar, en el momento de la publicación de este libro (20 de julio de 2020) en Renta 4 no pagas comisiones bancarias de gestión, y las de un fondo indexado de Amundi o Vanguard no suelen ser mayores al 0,5%, así que eso es lo que pagas.

ING también es una buena opción, con unas comisiones de

aproximadamente el 1%. Está muy bien sobre todo porque es extremadamente fácil contratarlos, especialmente si ya tienes cuenta con ellos.

Recientemente, My Investor, un banco de Andorra, ofrece también fondos indexados con condiciones muy ventajosas.

En comparación, las comisiones totales que te van a ofrecer en el banco de la esquina de tu casa raramente bajarán del 2,5%, y los fondos son mucho peores, pues no suelen ser indexados.

Como ves, las condiciones que encontrarán varían mucho según el fondo y el banco, y además cambian de un día para otro. Sin embargo, este es un buen marco de referencia. Si las comisiones totales de los fondos que te ofrecen son mayores del 1%, busca otro banco. ¡Y mucho ojo con la letra pequeña!

Ah, y ten cuidado también con esto. Una diferencia aparentemente pequeña en las comisiones no lo es en absoluto cuando la traducimos a euros. Si quieres alucinar con el impacto que tiene esto sobre tus finanzas, mira el anexo 2.

Volviendo a lo que nos ocupa, a día de hoy, solo conozco dos bancos en España que ofrezca una variedad amplia de estos fondos y que permitan invertir haciendo aportaciones pequeñas. Estos bancos son Renta 4 y My Investor, anteriormente mencionados. Además, estos bancos son los que menores comisiones de gestión tienen de los que conozco.

Por tanto, lo mejor es que hables con tu banco actual. Si te ofrecen fondos indexados con condiciones similares o mejores que las expuestas arriba, sigue con ellos. Si no, deberías considerar usar otro banco para tus inversiones.

Tampoco dejes de invertir porque no encuentres buenas condiciones. Siempre te puedes llevar tus fondos a otro banco si quieres, y además no te costará nada. ¡Pero antes asegúrate de que no van a cobrar comisiones abusivas!

PASO 2. Abre tu cuenta de inversión

Una vez hayas hecho tu investigación y decidido con qué banco vas a operar, abre tu cuenta de inversión.

PASO 3. Haz una aportación inicial

Imagino que ya sabrás cuánto dinero tienes para empezar a invertir. Deposítalo en la cuenta de inversión que acabas de abrir.

PASO 4. Pon una transferencia automática a tu cuenta de inversión

Esto es muy importante. Debes transferir dinero todos los meses desde la cuenta en la que cobras hacia tu nueva cuenta de inversión.

Lo mejor es que programes una transferencia automática, con fecha en el mismo día que cobras o al día siguiente. Así evitas gastarte tus ahorros antes de invertirlos.

PASO 5. Decide en qué fondos vas a invertir

Ahora debes seleccionar los fondos concretos donde invertirás.

Si tienes dudas, te recomiendo que mires estos vídeos sobre cómo elegir un fondo de inversión:

1: https://www.youtube.com/watch?v=qtQglx_5Wlk

2: https://www.youtube.com/watch?v=u80YbcKvqeg

Si no has visto los vídeos, estos son los puntos más importantes:

- Para saber si un fondo es indexado, busca la palabra *indexed* (indexado en inglés). Si el título del fondo no contiene las siglas IDX *(indexed)* o similar, seguramente no es indexado.

- Todo lo que necesitas saber de cada fondo, especialmente las comisiones de la gestora, lo encontrarás en un documento llamado *Información fundamental para el inversor.*

- En ese documento encontrarás también el objetivo del fondo. Si el fondo es indexado, pondrá algo como "el objetivo del fondo es seguir el índice x con una desviación no mayor al x%".

Como referencia para las comisiones, valga mi cartera:

- FI VANGUARD EURZ ST IDX. (Acciones de empresas europeas) => 33%. Comisiones totales del fondo: 0,35%.

- FI VANGUARD EM MK ST IX. (Acciones de empresas de mercados emergentes) => 33%. Comisiones totales del fondo: 0,40%.

- FI VANGUARD U. S. 500 ST. (Acciones de empresas de EEUU) => 33%. Comisiones totales del fondo: 0,25%.

Comisiones del banco (Renta 4): hasta hoy, 0. Tal vez esto cambie en un futuro.

Si inviertes en fondos no basados en acciones, elige los que menores comisiones tengan, siempre y cuando estén bien diversificados y se alineen con tus objetivos.

PASO 6. Haz tu inversión inicial

A partir de tu aportación inicial y los porcentajes de tu cartera, calcula cuánto dinero vas a poner en cada fondo y emite tu primera orden.

CUÉNTAMELO, SI QUIERES

Me encantaría saber qué cartera has elegido, y por qué. Envíame un correo a cesar@vivedetusahorros.com y cuéntame cómo es tu cartera (sin las cifras, solo los porcentajes). Te contestaré diciéndote lo que pienso de ella, y te guiaré en el proceso de contratación si lo necesitas.

Escríbeme también si tienes cualquier duda. Leo todos los emails. Tal vez tarde un poco en responderte, pero lo haré personalmente.

LA MECÁNICA

Ya tenemos nuestra cartera bien definida. Ahora veremos cómo invertir todos los meses con nuestro dinero.

La mecánica es extremadamente sencilla. Todos los meses, vas a entrar en la web de tu banco de inversión, donde tendrás una cuenta abierta exclusivamente para invertir. Allí habrá entrado dinero, porque pusiste una transferencia automática desde tu cuenta corriente. El dinero se transferirá idealmente el mismo día que cobras o al día siguiente.

Según entre dinero en tu cuenta de inversión, lo inviertes **en el fondo que esté más barato** en ese momento. El fondo más barato es aquel cuyo porcentaje se ha desviado más **hacia abajo** del porcentaje de cartera que fijaste antes, cuando decidiste en qué ibas a invertir.

Por ejemplo, si tenía como objetivo 40%-40%-20% y mis fondos hoy están 41%-41%-18%, el más barato es el del 18%, porque es el que bajado más en relación a los otros. Ahí es donde invierto.

Pongámoslo en euros. Imagina que mis porcentajes objetivo son 40% - 40% - 20%, y voy a invertir 2.500 €.

Mi cartera inicial sería la siguiente:

	Inversión	**Porcentaje** [1]	**Diferencia** [2]
Fondo 1	1.000 €	40%	0,00%

---

[1]   Inversión / Total.

[2]   Porcentaje – Porcentaje objetivo.

	Inversión	Porcentaje	Diferencia
Fondo 2	1.000 €	40%	0,00%
Fondo 3	5.00 €	20%	0,00%
Total	**2.500 €**	**100%**	

Ha pasado un mes, y claro, el valor de los fondos habrá cambiado. Supongamos que ahora la cartera está así:

	Inversión	Porcentaje	Diferencia
Fondo 1	930 €	36,47%	-3,53%
Fondo 2	1.150 €	45,10%	+5,10%
Fondo 3	470 €	1,57%	-1,57%
Total	**2.550 €**	**100%**	

Ahora el fondo más barato es el primero, porque nuestro objetivo es el 40% y está en el 36,47%. Ahí es donde invertiré mis 100 euros.

Una vez invertidos los 100 euros, nuestra cartera queda así:

	Inversión	Porcentaje	Diferencia
Fondo 1	1.030 €	38,87%	-1,13%
Fondo 2	1.150 €	43,40%	+3,40%
Fondo 3	470 €	17,74%	-2,26%
Total	**2.650 €**	**100%**	

Si te fijas, después de invertir, los porcentajes de la cartera se acercan a los porcentajes que fijamos al principio. Hemos rebalancedo nuestra cartera.

Hay bancos que muestran los porcentajes de tu cartera en su web, aunque a veces hay que buscar un poco. Por ejemplo, en Renta 4 tienes que ir a la sección Mi Patrimonio de su web, y ahí pinchar en el botón de informe completo.

Una vez generas el informe, verás una tabla donde aparecen una columna titulada %Fo, que es lo que queremos.

Si en la web de tu banco no aparece esta información, deberás calcular los porcentajes de la cartera a mano. Es muy fácil: total del valor del fondo ese día / valor total de la cartera ese día.

En resumen, lo único que tienes que hacer es invertir todos los meses en el fondo que esté más bajo. Fácil, ¿no?

Una cosa más. Es mejor que solo entres a la web del banco cuando vas a operar. No entres todos los días. Solo crea dudas. Nuestro objetivo es el largo plazo, ¿recuerdas? Una vez al mes es más que suficiente.

Ya sabes todo lo necesario para invertir con éxito. ¿A qué esperas? ¡Empieza ya!

CAPÍTULO 3: ASPECTOS PSICOLÓGICOS

SENCILLO Y FÁCIL NO ES LO MISMO

Como hemos visto, seguir el método es muy sencillo. Comprar el fondo que está más bajo. Todos los meses igual.

Da igual cómo está la economía del país. Da igual si estamos en medio de una pandemia mundial, si hay elecciones, si hay una burbuja inmobiliaria o todavía no, si estamos en recesión, si la recesión es en V o en L, si se hunde la bolsa, si sube con fuerza, si el petróleo sube o baja, o si hay una guerra comercial.

También debe darte igual lo que diga tu vecino, tu cuñado, tu banco, o el tertuliano gafapasta del momento.

Pase lo que pase, todos los meses en tu cuenta entra una cantidad, y esa cantidad la inviertes en el fondo que está más bajo en ese momento. 5 minutos. Nada que pensar. Solo actuar. Todos los meses igual.

Suena muy sencillo, y lo es. Pero no es fácil. Si fuéramos robots, no tendríamos problema alguno. Pero somos personas, y las personas vivimos con otras personas y tenemos emociones.

Unos nos dicen que invirtamos en inmuebles. Otros, que no arriesguemos y compremos Letras del Tesoro. Algunos amigos, que igual nos morimos mañana y que quememos el dinero que tenemos y el que no, como hacen ellos.

Otros nos cuentan que se han forrado con las bitcoins, o haciendo trading, y nos tientan para que hagamos lo mismo. Y el tiempo pasa, y con el tiempo se nos olvidan las cosas.

Además, nuestra cartera oscila, muchas veces con fuerza. Cuando atravesamos un bache serio, empezamos a dudar de todo y de todos, y sentimos un impulso enorme para cortar las pérdidas. Mantener la cabeza fría en estos momentos no es fácil.

Y luego están las tentaciones. Me proponen ir a un viaje que no me puedo permitir, pero claro, si saco dinero del fondo, entonces sí podría. O se me rompe el coche y, en lugar de ahorrar, pago el arreglo y sigo gastando lo mismo. En el momento que cedes, acabas por perder el hábito y no ahorras nada.

No es fácil, pero debemos mantener la cabeza fría, y alejar nuestras decisiones de ahorro e inversión del calor del momento.

Es imprescindible acostumbrarse a ahorrar e invertir de forma automática. Ya sabes, transferencia periódica el día que cobro, dinero al fondo más barato, osea, al que está más bajo ese día en relación a los otros.

Todos los meses igual, llueva, truene o nieve. Siempre igual. Funciona, créeme.

PENSAR A LARGO PLAZO

La principal diferencia entre el corto y el largo plazo es la incertidumbre. Piensa en el valor de tu casa: hoy sabes más o menos lo que vale. Puedes estar razonablemente seguro de que dentro de un mes valdrá más o menos lo mismo. De aquí a 6 meses, puede subir o bajar, porque las condiciones de demanda y oferta varían.

Ahora piensa en el valor de tu casa de aquí a 15 o 20 años. Pueden pasar muchísimas cosas, como, por ejemplo:

- El barrio, que era un barrio obrero, ahora es un barrio de lujo. Enhorabuena, tu casa vale mucho más. Esto ha pasado en Madrid con el barrio de Chueca, que ha pasado de ser un barrio marginal a uno de los más cotizados. Pero también puede pasar que te compres una casa en un sitio donde se suponía que habría un gran crecimiento y esté todo parado. Sin ir más lejos, Seseña.

- Construyen un colegio al lado. Genial, tu casa vale más. Cierran el colegio de al lado. Tu casa vale menos.

- Sale una ley que limita los precios de los alquileres. Tu casa vale menos. Sale una ley que incentiva la compra. Tu casa vale más.

- También hay grandes riesgos, poco probables, como que se queme el edificio, que se inunde y haya que rehacer la estructura, terremotos...

La conclusión es que, a largo plazo, nadie sabe qué va a pasar. Así que lo que debemos hacer es diversificar para minimizar el riesgo. Si tenemos varias inversiones y alguna va mal, lo compensaremos con las otras.

Esto es difícil con inmuebles, ya que el pequeño inversor raramente puede comprar más de una o dos viviendas. Pero con fondos de inversión es muy sencillo. Otro punto para los fondos de inversión.

Con los fondos también pasan cosas. Las bolsas suben y bajan, como los precios de las casas. Igual que no venderías tu casa porque hubiera bajado de precio, no debes vender tu fondo si baja. A largo plazo, es prácticamente seguro que se recuperará.

En Estados Unidos, la bolsa se hundió en 2008. A principios de 2009, estaba en 756,55 puntos, cuando en octubre de 2007 estaba en 1.535,28. Es decir, bajó un 50%. Es el equivalente a un terremoto.

Bien, pues en mayo de 2019 estábamos en 2.945,64 puntos. Quien compró al principio del crack bursátil hoy tiene el doble de dinero del que puso. ¡Y esto después de uno de los mayores cracks de la historia! Este es el poder de pensar a largo plazo.

Claro, a toro pasado, puedes pensar: mejor habría sido comprar en el punto más bajo, ¿no? Bueno, te recuerdo la situación: uno de los mayores bancos del país había quebrado, había una crisis económica brutal, paro, incertidumbre. Las noticias eran lúgubres. La gente no invertía porque parecía que el mundo se iba a acabar. Hacían justo lo contrario, vender. Por eso la bolsa bajaba.

Algunos hicieron lo contrario que la mayoría, y ganaron muchísimo dinero. Por eso los grandes inversores suelen decir que ganan mucho más con las crisis que con las bonanzas. Pero hay que tenerlo muy claro y ser muy valiente para hacerlo.

Fíjate que ahora la situación es muy parecida a la de 2008. Estamos en medio de una pandemia. Las bolsas se han hundido y no se sabe aún cuál va a ser el impacto real de todo esto.

Por tanto, si tienes los medios, el valor y la determinación para ganar dinero a lo grande, este es un momento inmejorable para arriesgar. Pero cuidado, porque podrías perder todo también.

Yo no me considero con el valor suficiente para apostar todo a que la bolsa subirá pronto, pese a que creo que lo hará.

Por eso me conformo con la segunda mejor opción: ahorrar e invertir sistemáticamente, comprar barato y no vender hasta que no me jubile o tenga un imprevisto serio de verdad.

Es verdad que mis fondos valen hoy valen menos que a principio de año. Pero han caído menos de la mitad de lo que han caído que las bolsas. Y del 95% de los fondos de gestión activa que se venden por ahí, mejor ni hablamos.

De hecho, mi cartera conserva una rentabilidad positiva de más del 10% en los últimos 2 años y medio, en medio de la peor crisis que se recuerda. Ese es el poder de la diversificación temporal, es decir, de invertir todos los meses el fondo más bajo.

Recuerda: Llueva, truene o nieve, todos los meses, según cobro, invierto en el fondo más barato en ese momento. Sin pensar, solo actuar.

LA NATURALEZA CÍCLICA DE LOS MERCADOS

Querido lector, presta atención. La economía en general, y las finanzas en particular, son cíclicas por naturaleza. Siempre habrá momentos en que las cosas van bien y otros en los que las cosas van mal. Lleva siendo así desde que hay registros económicos, es decir, desde el inicio mismo de la civilización en Mesopotamia. Siempre ha sido así y siempre lo será.

Igual que hay primavera y sale el sol y brotan las flores, hay inviernos grises con lluvia, viento y frío en los que no se puede ni salir a la calle. Con los mercados pasa lo mismo: hay momentos buenos y malos. La diferencia es que nadie sabe cuánto durarán ni cómo de intensos serán.

Debes esperar esos malos momentos. Son parte de la naturaleza de los mercados. Debes prepararte para el invierno y esperar la primavera, porque llegará. Habrá inviernos más cortos o más largos, más duros o más suaves, pero la primavera siempre llega.

Como no sabemos cómo de largo y de duro va a ser el invierno, lo mejor que podemos hacer es estar preparados. ¿Cómo? Pues siendo metódicos. Ahorrando e invirtiendo de forma automática.

Piensa que, cuando el valor de las acciones cae, puedes comprar más acciones con el mismo dinero. Esto compensará nuestras pérdidas porque, cuando los mercados se recuperen, las participaciones que compramos en el momento más bajo habrán subido más que las que compramos antes del bajón.

Los grandes inversores son capaces de invertir en los peores momentos, cuando parece que el mundo se va a acabar. Invierten, como suele decirse, "cuando hay sangre en las calles". Hay que ser muy fuerte mentalmente y tenerlo muy claro para comprar cuando todo el mundo vende y vender cuando todo el mundo compra.

Si no eres un inversor profesional con mucho dinero y anchas espaldas para esperar a la próxima crisis, te recomiendo que seas sistemático y que inviertas metódicamente todos los meses. Es la segunda mejor opción, y mucho más fácil de implementar.

Eso sí, debes ser consciente de que esto no es un camino de rosas. Habrá momentos en los que tu cartera bajará con fuerza. Y cuando digo con fuerza, digo que puedes esperar pérdidas puntuales de un 20% o más. Debes estar preparado, no entrar en pánico y aguardar a la primavera, porque siempre llega.

En el anexo 3 tienes gráficos históricos del comportamiento de las bolsas a largo plazo. No hay que ser un experto para ver que, en general, la bolsa siempre sube, pese a que hay malos momentos. Recuérdalo cuando la cosa pinte fea.

LA IMPORTANCIA DE LA DIVERSIFICACIÓN

En el capítulo 1 ya expusimos que diversificar es no poner todos los huevos en la misma cesta. Diversificando, reducimos el riesgo y mantenemos la rentabilidad.

En palabras de Warren Buffet, hay dos reglas clave en la inversión:

1. Conserva tu capital.

2. Nunca olvides la regla número 1.

Imagina que tienes una inversión que vale 100 € y cae un 50%. Ahora vale 50 €. Si vuelve a subir un 50%, entonces tu inversión vale 50 * (1+0,5) = 75 €. Necesitarías que vuelva a subir un 33% para volver a tener 100 €. Por eso es tan importante preservar el capital, es decir, no perder.

En principio, cuanto más diversifiquemos, mejor, ya que minimizamos el riesgo. Porque esa es la madre del cordero. Siempre habrá riesgo, pero se puede y se debe controlar.

Hay quien dice que demasiada diversificación puede reducir la rentabilidad, y es cierto. Por ejemplo, Warren Buffet tiene una cartera con muy pocos activos. Pero Warren Buffet es un experto y puede analizar cada inversión con gran detalle.

Al hacer esto, puede elegir las mejores inversiones. Descarta casi todas las oportunidades de inversión que le llegan para poder centrarse en lo mejor de lo mejor y obtener los rendimientos que le han hecho una de las personas más ricas del mundo.

Si no eres Warren Buffet o al menos no eres un inversor profesional con gran capacidad de análisis, mejor diversifica.

57

NUESTRA RELACIÓN CON EL DINERO

Es muy común gastar excesivamente y no ahorrar, porque subconscientemente pensamos en el dinero como algo malo. Expresiones como "el dinero no da la felicidad", "no quiero ser el más rico del cementerio" o "tener el dinero por castigo" son parte de nuestro lenguaje y revelan nuestras creencias más profundas. Las creencias son la base de nuestro comportamiento, y el dinero no es una excepción.

Aparte de esto, las personas más próximas a nosotros nos influyen decisivamente, también en el ámbito económico. Hay estudios que demuestran que tus ingresos suelen estar alrededor de la media de las 5 personas con las que más te relacionas.

Por tanto si te rodeas de gente que tira el dinero, lo tirarás tu también. Si tu entorno piensa que es imposible ahorrar, no ahorrarás tú tampoco. Sus ideas irán calando poco a poco y acabarás actuando como ellos.

Y, por si fuera poco, está el marketing. Constantemente nos bombardean con imágenes de gente feliz gastando dinero. Siempre es lo mismo: ¿quieres ser feliz? Pues cómprate un coche, o una coca-cola, o unos zapatos. Recibimos más de 60 impactos publicitarios al día con este mensaje implícito. Pero eso no lo hace verdad.

Gastar dinero nos da una felicidad momentánea, sí, pero pronto volvemos a la cruda realidad. Llega el final del mes y no hemos ahorrado nada. Seguimos teniendo una hipoteca que pagar y un trabajo que estamos obligados a hacer solo para comprar lo que nos dice el marketing que compremos. Y vuelta a empezar, mes a mes, año a año, hasta la jubilación.

Es triste, pero es así: la gente trabaja en trabajos que odian para comprar cosas que no necesitan e impresionar a personas a la que no les importan.

Existe una alternativa: trabajar, ahorrar e invertir. Si lo haces, pronto tendrás ahorros suficientes y podrás cambiarte de trabajo si quieres, o incluso dejar de trabajar. Al mismo tiempo, no comprarás cosas que no necesitas y podrás dedicar más tiempo a lo que sí te importa.

Para lograrlo, revisa tu relación con el dinero. ¿Compras por impulso o por necesidad? ¿Realmente gastas el dinero en cosas que te hacen feliz? Si no es así, puedes dejar de hacerlo, ahorrar e invertir, y asegurar así tu futuro.

EL DINERO Y LA CALIDAD DE VIDA

No es cierto que, a mayor dinero, mayor felicidad. Numerosos estudios lo demuestran (por ejemplo, este: *The relationship between income and subjective well-being: relative or absolute?*, por Ed Diener, Ed Sandvik, Larry Seidlitz y Marissa Diener). Pero tampoco hace falta irse tan lejos. ¿Cuánta gente conoces que gana menos que tú y es más feliz?

Sí que es verdad que es necesario tener un mínimo de ingresos. Salvo que quieras ser un monje o un ermitaño, o plantar tomates en una comuna hippie, necesitas un mínimo para vivir.

Sin embargo, si lo piensas, solo hay cuatro necesidades esenciales::

- Agua.

- Comida.

- Refugio / descanso.

- Relaciones.

Para las tres primeras necesitamos dinero. Para la cuarta, en el mundo en que vivimos, también. Pero tampoco hace falta tanto, ¿no crees? El agua no tiene por qué ser de manantial. No necesitamos comer todos los días en restaurantes con estrellas Michelin. Tu casa no tiene por qué ser una mansión. Y tus relaciones interpersonales no deberían basarse en tu nivel socioeconómico.

El televisor enorme, la ropa cara, el coche último modelo, los viajes..., todo eso es superfluo. Solo te darán una felicidad, si acaso, momentánea. A veces ni eso, y si no me crees, lee lo que dicen los millonarios sobre esto.

Lo que sí te dará felicidad es saber que, si te pasa algo a ti o a quienes quieres, hay dinero en el banco para afrontarlo. Ahorrar da más felicidad que gastar, aunque suene raro. No te creas el marketing.

Tampoco hace falta convertirse en un tacaño y no gastar nada. Gasta y disfruta la vida a tope, pero antes ahorra e invierte. Primero el ahorro, luego el gasto. Nunca al revés. Preahorra primero y así podrás gastar el resto sin remordimientos.

MUCHAS VECES ES MEJOR NO ACTUAR

Cuando nuestra cartera baja con fuerza, o cuando sube mucho y nos entra vértigo, pensamos que tenemos que hacer algo. Nos sentimos mal si no hacemos nada. Y, sin embargo, lo mejor es no actuar o, mejor dicho, seguir con el plan.

Como vimos en el capítulo 1, hay activos que son procíclicos (los que suben cuando la economía va bien) y otros que son anticíclicos (los que bajan cuando la economía va bien). Un ejemplo de activo procíclico son los inmuebles, y uno anticíclico es el oro.

Por tanto, nos podríamos preguntar: ¿por qué no compra todo el mundo oro en tiempos de crisis e inmuebles en tiempos de bonanza? Pues por varias razones:

- Lo que acabo de exponer es verdad a largo plazo, pero no a corto. En el corto plazo, puede ser que el oro esté caro pese a que el ciclo económico es favorable, o al revés. Igual pasa con los inmuebles, y en general con cualquier activo.

- Operar es caro. Comprar y vender tiene un coste económico, además del coste en tiempo. Si andas cambiando de unos activos a otros, la rentabilidad extra que obtienes puedes perderla fácilmente con los costes de operación.

- Nuestra información normalmente es incompleta. Si "sabes" que el oro o los inmuebles están caros o baratos porque lo has visto en los medios, puedes estar seguro de que llegas tarde. Normalmente, cuando la noticia sale, es que la tendencia está a punto de revertirse. Adivina quién va a perder dinero.

- Probablemente estemos demasiado influidos por el entorno. Normalmente, pensamos en cambiar de inversión en caliente, es decir, cuando la inversión cae. El objetivo es reducir las pérdidas. Pero, si lo hacemos, estamos vendiendo barato y perdemos dinero. Debemos ser conscientes de esto y pensarlo muy bien si vamos a deshacer una inversión.

- En el caso específico del oro, es un bien que no da retornos. Con las acciones, compras un activo que genera riqueza. El oro no genera riqueza. Sólo es un depósito de valor. Por tanto, teóricamente, a largo plazo su rendimiento esperado no debería ser superior al de la inflación, eso sí, con gran variabilidad en el corto plazo.

Resumiendo, si eres un experto, tal vez puedas anticiparte y comprar o vender en el momento justo. Así se han hecho grandes fortunas. Pero, si no lo eres, lo mejor es que, cuando te decidas por una inversión, la mantengas.

Cuando tu cartera baje, sigue con tu plan. Sabes que los precios de los activos suben y bajan. Sabes que este momento llegaría. Mantén tu cabeza fría cuando todos se vuelven locos. Compensará a largo plazo.

CAPÍTULO 4: TRAMPAS, OBSTÁCULOS Y OTROS ACTORES

NUESTROS AMIGOS LOS BANCOS

Los bancos tienen muy mala fama. Merecida, seguro. Pero la culpa no es suya, sino del sistema, y si me apuras, un poco nuestra también.

El objetivo de los bancos, como el de todas las empresas, es ganar dinero. Para hacerlo, ofrecen unos productos que venden a gente como tú, que entras por su puerta. Exactamente igual que Zara, Mercadona o la cafetería de la esquina.

Esto no debería ser un problema. El problema es que somos tan ingenuos que pensamos que, al contrario que las demás empresas, antepondrán nuestros intereses a los de sus accionistas. Nunca es así.

Imagina que vas a comprar un coche. Vas y le dices al vendedor que tienes 50.000 € y que quieres un utilitario. ¿Qué crees que hará el vendedor? Pues venderte el coche último modelo con todos los extras, más el seguro, financiación y todo lo que pueda. Te venderá lo que mayor beneficio le reporte a la empresa que le paga, y para hacerlo no dudará en convencerte de que es la mejor opción para ti.

Bueno, pues eso es lo que ocurre cuando vas al banco con tus ahorros. Entras agitando un montón de billetes y le dices al comercial que no sabes qué hacer con ellos y que lo invierta donde mejor le parezca.

Bueno, pues el comercial te venderá el fondo que más comisiones tenga, independientemente de su rentabilidad, porque es lo que se le exige. Su sueldo y sus bonus van en ello.

Si el fondo no rinde y vuelves pidiendo explicaciones, será porque el mercado bajó. Si el fondo sube, normalmente el mercado subió mucho más, pero nadie se queja de eso.

Y cuidado. Los que están en las mesas de los bancos son comerciales, no asesores, consultores o lo que sea que ponga en su tarjeta. Su trabajo es vender, ¡y vaya si venden!

Y, lo que es peor, a menudo no saben lo que están vendiendo. Siempre te dirán que lo que ofrecen es magnífico, tanto si lo es como si no.

¿No me crees? Pues pídeles la rentabilidad de sus fondos de los últimos 10 años. Si es un 0,01% superior a la del mercado, entonces pregúntales si la rentabilidad es antes o después de sus comisiones, las del operador del fondo e impuestos. Seguramente no sepan ni qué decirte, pero supongamos que es después de todo eso. Pues solo estarías un 0,01% mejor de lo que estarías si invirtieras siguiendo nuestro método. Cosa altamente improbable.

Estadísticamente, más del 85% de los fondos administrados, también llamados de gestión activa, que son la mayor parte de los ofrecidos por los bancos, no baten a los indexados, ni siquiera a medio plazo (5 años). A largo plazo, no es el 85%, sino el 96%.

Por si eso fuera poco, los escasísimos fondos que baten regularmente a los índices normalmente no los venden en una oficina bancaria de barrio, querido lector.

La evidencia estadística sobre esto es irrefutable. Por ejemplo, según datos de la SPIVA US Scorecard, en 15 años el 92,33% de los fondos que invierten en grandes empresas, el 94,81% de los que invierten en empresas medianas y el 95,73% de los que invierten en empresas pequeñas no batieron a sus índices de referencia.

En España no hay cifras a 15 años, pero las hay a 10: el 80,65% de los fondos no baten al índice, según estos mismos datos. Seguro que a 15 años las cifras estarán en torno al 90% también.

Por favor, si vas a un banco, no seas ingenuo. Ten claro lo que quieres (fondos indexados y bajas comisiones) y no te creas todo lo que te digan. Compara entre varios bancos como harías entre varios concesionarios.

Piensa en cambiar de banco si sospechas que te no te dicen toda la verdad, consciente o inconscientemente. Infórmate bien y compara precios. Puede ser la diferencia entre jubilarte cómodamente o malvivir tus últimos años.

LAS NOTICIAS

Las noticias están por todas partes. Están en la televisión, en la radio, en las redes sociales, hasta en la sopa. Nuestros amigos debaten las noticias por WhatsApp. Todo el mundo está pendiente de las noticias. Noticias y más noticias.

Esto es muy natural. Antiguamente, el ser humano necesitaba estar al corriente de lo que ocurría a su alrededor si quería sobrevivir. Hoy, afortunadamente, ya no es así, pero seguimos sintiendo la necesidad de saber lo que ocurre.

Además, tendemos a prestar más atención a lo malo que a lo bueno, lo que se conoce como sesgo de negatividad. Gracias a esto, surgió la industria de los medios de comunicación primero, y los canales de información económica después.

Aparte del sesgo de negatividad, existe el sesgo de aversión a la pérdida. Este sesgo implica que nos duele mucho más perder de lo que nos gusta ganar, y ha sido demostrado mediante incontables experimentos.

Estos dos sesgos explican que los medios generen montones y montones de noticias horribles que deforman nuestra visión del mundo.

Por si fuera poco, los medios de comunicación deben rellenar sus espacios con algo. Muchas veces, sencillamente no hay noticias que contar. Cuando esto ocurre, lo más fácil y barato es llamar a algún experto para que haga un análisis o exponga una opinión sobre algo. En realidad da un poco igual lo que digan, el caso es rellenar ese espacio.

Por ejemplo, el día que atraparon a Sadam Hussein, antes de

conocerse la noticia, Bloomberg (reputado canal de información económica estadounidense) titulaba: "Los bonos americanos suben: la captura de Sadam Hussein podría no acabar con el terrorismo". Media hora después, cuando se conoció la detención, titulaban: "Los bonos americanos bajan: la captura de Sadam Hussein hace más atractivas las inversiones con riesgo". Como ves, misma noticia, interpretaciones opuestas. Credibilidad cero.

Muy bien, pero ¿cómo nos afecta esto como inversores? Pues debemos saber que mucho de lo que vemos en los medios es puro ruido, y además nos suelen pintar un panorama mucho peor de lo que en realidad es. Cuando la bolsa cae, habrá titulares terroríficos y será el fin del mundo. Cuando sube, no habrá tanta repercusión.

Y la realidad es que la bolsa sube más que baja. Lleva siendo así más de 300 años, con un incremento medio de entre un 7% y un 10% anual en los últimos 100 (puedes verlo en los gráficos del anexo 3). Pero esto la gente no lo sabe. Lo que sí sabe es que hay cracks bursátiles, burbujas, etc., porque sale en las noticias.

Es un hecho que la bolsa, en su conjunto, siempre, siempre, siempre se recupera. Desde principios del siglo pasado, hemos pasado por dos guerras mundiales, la Gran Depresión, la Guerra Fría, la crisis del petróleo, la guerra de Irak, el desplome de las .com y la gran recesión de 2008. En España, además, hemos tenido la Guerra Civil, la transición, la burbuja inmobiliaria, la crisis, etc. Y la bolsa, a largo plazo, sigue subiendo.

Sabiendo todo esto, nuestra mejor opción es ser metódicos. Tratar de anticiparse al mercado es peligroso. Si los inversores profesionales no son capaces de hacerlo, mucho menos nosotros.

Ignoremos las noticias. Debemos invertir lo mismo siempre, según nos entra el dinero en nuestra cuenta, independientemente de lo que pase a nuestro alrededor.

De esta forma, cuando la bolsa está baja, compramos más acciones por el mismo precio. Si vendemos en momentos de pánico, nos perderemos la recuperación.

Recuerda, es precisamente cuando la cosa está más fea y todo el mundo vende cuando se generan la mayor parte de las ganancias. Pero para eso debemos seguir fielmente el método. Si acaso, compra más cuando todo el mundo entra en pánico. No dejes que las noticias se coman tus beneficios.

LOS GURÚS

Nadie sabe lo que va a pasar en el futuro a largo plazo. Nadie. Alguien puede saber si una determinada acción va a subir o bajar porque tenga información privilegiada. Pero no puede saber qué va a hacer un mercado en su conjunto a corto plazo, y mucho menos a largo. Y si el mercado es grande, pues menos todavía.

Sin embargo, hay quien insiste en que sí que lo sabe. Algunos se han hecho famosos, por ejemplo, prediciendo la crisis de 2008. Cuando ocurrió la crisis, saltan diciendo "Ya lo dije en su momento, que venía una crisis". El problema es que dicen algo parecido todos los años. Cuando no aciertan, nadie se acuerda. Cuando lo hacen, aprovechan su momento.

Ellos saben, como sabemos nosotros, que los mercados son cíclicos. Que después del invierno siempre llega la primavera. Por tanto, más o menos en otoño claman al viento que el invierno llegará. Y, ¡oh, sorpresa!, un día lo hace. Lo que no te dirán nunca es que nevará el 30 de diciembre, y que caerán 3 centímetros. Dirán "Ya os dije que nevaría". Pues claro, como todos los inviernos.

También saben que los medios suelen amplificar las noticias negativas. Por eso cada cierto tiempo sale alguien anunciando el fin del mundo. Los medios lo recogen porque saben que vende, y porque muchas veces tienen que rellenar sus espacios con algo, y a cambio estas personas obtienen gran publicidad.

Por ejemplo, en 2015 se hablaba mucho en Estados Unidos de que en 2016 habría una gran recesión. Bueno, pues 2016 fue un gran año para los inversores americanos, con una subida del 11,96% según el índice Standard & Poor's. Y 2017 fue mejor todavía, con un 21,83%. ¿Quién se acuerda hoy de esto? Nadie.

No escuches a los gurús. Mantente fiel a tu cartera y a tu plan de ahorro. Recuerda: inversión sistemática y ciega.

LOS TRADERS

El trading consiste en comprar acciones u otros productos financieros para después venderlos rápidamente, a los pocos días o incluso dentro del mismo día, esperando así obtener un beneficio.

Las personas o empresas que se dedican a esto son los traders. Las operaciones se suelen hacer usando plataformas de trading, como ETX, FxPro o Plus 500, y otras más modernas y "sociales", como eToro.

Los traders esperan acertar más veces de las que se equivocan y así ganar dinero. Pero cuando alguien compra, es porque otro vende, y viceversa. Es un juego de suma 0; para que alguien gane, otro tiene que perder.

Hay algunos, sobre todo empresas e inversores profesionales, que hacen esto muy bien y ganan más veces que las pierden. Y hay muchos otros, sobre todo pequeños inversores particulares, que pierden muchas más veces de las que ganan.

Si eres un pequeño inversor, estás jugando a un juego donde las cartas están marcadas, y donde la banca siempre gana. Tú mismo.

Y esto no es lo peor. Donde está el dinero de verdad es en las comisiones por las operaciones. La parte del león es para los intermediarios, es decir, bancos, brokers y plataformas de trading, que se llevan un porcentaje por cada operación. Los que operan asumen el riesgo, mientras los intermediarios recogen los beneficios.

Para hacerlo se aprovechan de un sesgo cognitivo muy bien estudiado, el de la ilusión de control. Piensas que si sabes lo suficiente puedes "controlar" lo que va a pasar en el mercado, cuando en realidad es un proceso puramente aleatorio.

Por eso regalan herramientas de análisis, incluso cursos de "inversión", que hacen creer a los pobres ahorradores despistados que pueden ganar mucho dinero gracias a estas técnicas. Pero no es así. Cuando pasa, normalmente es fruto del azar, no porque la "técnica" funcione.

El negocio es muy similar al de las casas de apuestas. Tú puedes pensar que en tal o cual partido va a ganar uno u otro equipo, y tal tengas razón, apuestes y ganes. Pero no siempre va a pasar. La casa de apuestas sabe que si invierte mucha gente, ellos ganan seguro. Así que cuando ganas te dan tu dinero alegremente, ya que han recaudado dinero de otra gente que apostó en contra, y les queda un beneficio.

Y no solo eso. Si consiguen que te guste apostar, acabarás haciéndolo como entretenimiento, y tu porcentaje de acierto bajará, pese a que pienses que sabes cada vez más sobre apuestas, fútbol, caballos o lo que sea. ¿Recuerdas la ilusión de control? Pues eso...

El trading es mejor negocio todavía para los intermediarios, porque además no corren el riesgo de equivocarse cuando fijan la apuesta. Si uno gana es porque otro pierde, y los intermediarios se llevan dos comisiones por cada operación, la del que compra y la del que vende.

¿Sigues pensando que aún así, puede ser una buena idea intentarlo con el trading? Pues espera. Debes saber que en la bolsa, cuando se invierte a corto plazo, las cartas están marcadas, porque:

- La información es asimétrica, es decir, hay gente que sabe cosas que tú no sabes. Por ejemplo, si una empresa va a repartir menos beneficios, la acción caerá. Obviamente, quien sabe estas cosas tiene ventaja, y no serás tú, querido lector, porque, para cuando esta información se hace pública, toda la gente que podía beneficiarse de ello ya hace tiempo que lo aprovechó.

- Hay empresas dedicadas al trading con grandes recursos. Es imposible saber qué va a pasar a largo plazo en bolsa, pero a corto plazo se puede ganar mucho dinero. Para lograrlo, estas empresas usan modelos estadísticos, inteligencia artificial y otras herramientas. Obviamente, si estas empresas existen es porque funciona.

- La propia bolsa vende información que tú no puedes utilizar. Sí, es posible comprar datos a la propia bolsa sobre cotizaciones. Por ejemplo, puedes saber cuántas órdenes de compra y venta hay abiertas antes de que la bolsa abra. Tú puedes comprarla también, claro, pero, si inviertes poco, te costará más que el beneficio que pudieras obtener. Otros tienen más tamaño y sí que se lo pueden permitir.

El trading es un juego de azar. No es inversión. No te creas el marketing: por cada uno que gana dinero con esto, hay decenas de pequeños inversores que pierden. Pero claro, esos no suelen hablar.

Si tienes algún dinero sobrante, puedes probar a jugarte algo de dinero sabiendo que es un juego. Exactamente igual que cuando vas al casino, a una casa de apuestas o juegas al póker online. Pero eso no es invertir. Invertir es algo serio. No juegues con tus ahorros.

Hay otra forma de hacer dinero con el trading; enseñar "trucos", "técnicas", y vender "herramientas". Si buscas en Google o en YouTube, encontrarás montones de supuestos gurús te dirán algo como: "Yo gané xxxx € haciendo trading, y te voy a explicar mis métodos por un módico precio para que puedas hacerte rico pasado mañana, como hice yo".

La realidad es que normalmente esta gente ha perdido ya suficiente dinero como para saber que se gana más vendiendo cursos a pequeños inversores despistados que tratando de superar a las empresas serias de trading. Porque, si de verdad ganaran lo que dicen que ganan, ¿crees que iban a molestarse en vender cursos? Estarían en el Caribe tomándose una piña colada, no delante del ordenador.

En resumen, hacer trading no es invertir. Si lo haces, que sea por diversión y con dinero que te puedas permitir perder.

LOS FONDOS DE INVERSIÓN ESTRELLA

Este es sin duda el truco que más me gusta de los bancos. Consiste en crear un montón de fondos que en realidad son una basura, ver cuál lo hace mejor por pura casualidad y promocionarlo como si fuera oro puro. Así ganan montañas de dinero con las comisiones que imputan al pobre inversor perezoso que no se lee la letra pequeña o se deja engañar por el márketing.

El procedimiento es el siguiente:

- Se constituyen 10, 15 o 20 fondos, que invierten en diferentes activos. ¿Cómo seleccionarlos? Da igual. Recuerda, nadie sabe qué va a pasar en el futuro.

- Se deja que pase un tiempo. Por pura estadística, unos lo harán mejor que otros.

- Se coge el que mejor lo haya hecho ese año y se le pone un nombre tipo Fondo 5 estrellas, Fondo Alta Rentabilidad o similar.

- Se publicita este fondo a bombo y platillo.

- Para cumplir con la legislación vigente, se añade la famosa coletilla "rentabilidades anteriores no garantizan rentabilidades futuras".

- Convenientemente, se olvidan los otros fondos que fueron creados y cuyo rendimiento fue inferior.

Al final, lo que queda es un fondo que no solo está mal diseñado, sino que encima tiene unas comisiones horrorosamente altas (porque, como es un fondo de alta rentabilidad, total, qué más da un 1 o 2% más de comisiones, ¿no?).

Y, por si fuera poco, por el fenómeno de la regresión a la media, probablemente en periodos sucesivos este fondo lo hará aún peor que los otros fondos de los que nadie se acuerda.

Conclusión: ignora el marketing y a los comerciales de tu banco. Huye de los fondos administrados. Compra siempre fondos indexados con bajas comisiones.

LOS PLANES DE PENSIONES

Los planes de pensiones son uno de los productos de inversión más populares. Según Morningstar, y usando datos de 2017, casi un 20% de los españoles tienen uno. Pero son una trampa.

Por su gran popularidad, cabría esperar que su rentabilidad fuera muy grande, pero no lo es. También según Morningstar, el 98,7% de estos planes de pensiones obtuvieron rentabilidades por debajo del 5%. Solo el 1,3% lo superó. Por si fuera poco, el 60% de estos planes cobra la comisión máxima a sus clientes (1,5%), pese a que más del 50% obtuvieron rendimientos inferiores a la inflación.

Desde 2018, esa comisión máxima depende de en qué invierta el fondo. Un plan de pensiones que invierta más de un 30% en renta variable tendrá una comisión máxima del 1,5% más un 0,2% como máximo de depósito. Así que, en el 60% de los casos, se paga un 1,7% en comisiones.

La escasa rentabilidad y altas comisiones de los planes de pensiones deberían compensarse con una fiscalidad mucho más favorable. Este es el principal gancho que usa la banca: no solo ganamos dinero, sino que además pagamos menos impuestos. Genial, ¿no? Pues no, porque:

- No es que no tributes, sino que tributas más tarde. Lo que te desgravas hoy, lo pagarás mañana, probablemente con un tipo impositivo superior.

- En el momento en que rescatas el plan, las prestaciones (aportaciones más rentabilidad obtenida) tributan como rendimiento del trabajo, es decir, a un tipo impositivo de entre el 19% y el 45%, según lo que ganes. Estos tipos impositivos podrían ser mayores para entonces.

- A día de hoy, solo podemos desgravarnos hasta 8.000 € al año.

- La desgravación en la declaración de la renta es sobre la base, no sobre la cuota. No es que te resten los 8.000 € de lo que te toque pagar, sino que se reduce la base sobre la que se aplica el tipo impositivo. No es lo mismo, ni mucho menos.

- Las leyes sobre materia fiscal cambian constantemente, así que no puedes saber cómo será tu tributación cuando te jubiles. La tributación sobre inversiones siempre ha sido mucho más estable, porque cambiarla puede provocar fugas de capitales.

  Por ejemplo, hasta 2007, si rescatabas el plan en forma de capital, es decir, todo de golpe, te beneficiabas de un 40% de reducción, lo cual suponía un gran ahorro fiscal. Pero ya no.

- Contratar un plan de pensiones nos obliga a no mover la inversión en al menos 10 años, salvo que ocurran circunstancias muy graves, como fallecimientos o incapacidades permanentes.

- Si necesitas recuperar tu dinero de golpe, y salvo que el importe del fondo sea muy pequeño, podrías tributar al tipo máximo del IRPF, que puede ser del 45%.

- En muchos casos, Hacienda se lleva un pellizco mucho mayor si recuperas el fondo el mismo año en que te jubilas. La gente no lo sabe, y luego llegan las sorpresas.

Los bancos que venden estos planes de pensiones rara vez informan adecuadamente a sus clientes. No les interesa, porque pueden vender un producto con altas comisiones y bajos rendimientos gracias a que el cliente cree que va a pagar menos impuestos. Y, si no es así, el malo es Hacienda.

En resumen, con un plan de pensiones, tenemos un producto mediocre y fiscalmente ruinoso del que no podemos salir sin enormes penalizaciones.

Es desgarrador ver cómo tanta gente no va a poder jubilarse con comodidad pese a haber ahorrado toda su vida. Su dinero irá a los bolsillos de aquellos en quienes confiaron. No dejes que sea tu caso. Huye de los planes de pensiones e invierte en fondos indexados.

LAS APPS DE AHORRO

Recientemente están saliendo muchas aplicaciones para móvil que te proponen ahorrar a partir de los "picos" de las cosas pequeñas que pagas. En España tenemos Coinscrap, pero hay muchas más. El BBVA te permite hacerlo también con su app.

Estas aplicaciones funcionan aplicando reglas, de modo que, por ejemplo, cada vez que pagas un café se destinan 50 céntimos a una cuenta de ahorro.

Esto, a primera vista, está muy bien, pero presenta dos problemas fundamentales:

- No se ahorra con una perspectiva de largo plazo. Normalmente, estos redondeos están disponibles como dinero líquido, es decir, no se invierten.

- El ahorro suele destinarse a cosas como móviles, viajes, etc. Por tanto, no estás invirtiendo, estás consumiendo en diferido.

- No se ahorra lo suficiente. Encontrarte con 200 euros en 6 meses puede parecer mucho dinero, sobre todo si piensas que lo has ahorrado sin darte cuenta, pero eso no te va a dar libertad financiera ni te va a permitir jubilarte.

Si quieres ahorrar en serio, lo mejor es que preahorres. Destina como mínimo un 10% de tus ingresos a tu cuenta de inversión e inviértelos bien. Y después gástate el resto sin remordimientos.

PLATAFORMAS DE INVERSIÓN EN FONDOS INDEXADOS

Desde hace algunos años, han aparecido algunas empresas que se dedican a construir carteras de fondos indexados y vender participaciones de esas carteras. Las más conocidas en España son Indexa Capital y Finizens.

Estas empresas están muy alineadas con nuestra filosofía de inversión. Invierten en fondos indexados, y sus carteras están bien construidas. Además, sus comisiones son inferiores a las de la mayoría de los bancos.

Invirtiendo con estas empresas tienes la ventaja de que no tienes que pensar qué fondos incluir en tu cartera, ni perder tiempo en ver cuál es el fondo que está más bajo para invertir todos los meses. Fijas una transferencia automática y listo.

Al final, todo se reduce a qué comisiones te ofrecen y cuánto tiempo estás dispuesto a dedicar a invertir. Si ves que sus comisiones son menores que las de tu banco y no quieres andar abriendo otra cuenta e invirtiendo manualmente mes a mes, son la mejor opción. Siempre será mucho mejor que confiar en un banco generalista.

En mi experiencia, al final, las comisiones totales de estas plataformas son bastante elevadas en comparación con lo que obtienes invirtiendo por tu cuenta en un banco con bajas comisiones. Sin embargo, son menores que las de la banca comercial.

Otra desventaja, aunque esto es una opinión personal, es que invierten demasiado en renta fija para limitar el riesgo, porque saben que la mayoría de sus clientes llevan muy mal las pérdidas.

Es raro que pierdas un cliente porque ganes un 10% en lugar de un 12%, pero sí que puedes perderlo si pierdes un 2% en vez de quedarte en el 0%. Por tanto, tienen un incentivo para sacrificar rentabilidad por riesgo.

En mi opinión, merece la pena hacerlo tú mismo. Solo tienes que pensar un rato en dónde invertir, abrir una cuenta en otro banco y luego 5 minutos al mes para invertir en el fondo más bajo. No es tanto esfuerzo y por tanto no se justifica el sobrecoste.

Sin embargo, si tienes mayor poder negociador que yo, si no consigues encontrar un banco con comisiones suficientemente bajas, si no quieres complicarte o si no te convence el método que te propongo en este libro, échale un vistazo a las webs de estas empresas. Podrían ser la mejor opción para ti.

CAPÍTULO 5: LOS INMUEBLES. LA GRAN ALTERNATIVA A LA INVERSIÓN FINANCIERA

POR QUÉ ES MEJOR INVERTIR EN FONDOS INDEXADOS QUE EN INMUEBLES

Vaya por delante que no tengo nada en contra de la inversión en inmuebles. Simplemente, creo que por algún motivo en este país casi todo el mundo cree que es la inversión más rentable y segura del mundo.

Sin embargo, no todo el monte es orégano. También hay inversiones inmobiliarias ruinosas, y de esto nadie habla.

En España tendemos a sobrevalorar las inversiones inmobiliarias. Si preguntas en tu entorno, prácticamente todo hijo de vecino ha invertido o querría invertir en activos inmobiliarios. Pocos te dirán que prefieren otros vehículos de inversión.

Según datos del Banco de España, la riqueza concentrada en inmuebles es más de 9 veces la concentrada en activos financieros, y de esos activos, más del 40% están en forma de depósitos y cuentas corrientes, es decir, no están invertidos.

Estos datos dan fe de lo arraigado que está el ladrillo en nuestra cultura. La gente prefiere invertir en inmuebles a invertir en otras cosas. Estos son los principales motivos:

- Se desconocen otras alternativas de inversión. Mucha gente se compra una casa "porque, si no, no ahorro nada". Esto es positivo, indica que una persona se conoce a sí misma y sus hábitos y se fuerza así a ahorrar e invertir. Lo que paga de hipoteca no se lo gasta. Es admirable, pero creo que hay formas mejores de invertir. Si te has leído este libro, ya conoces al menos una.

- La gente compara peras con manzanas. Es muy curioso, pero la gente solo compara el coste de un alquiler con el de la cuota de la hipoteca. Si puedes comprar y alquilas, "estás tirando el dinero". Pero no es comparable.

  Imagina que una hipoteca tiene una cuota de 800 €/mes y otra casa parecida se alquila por 800 €/mes. ¿Puedes decir por eso que las casas valen lo mismo? Pues no. Puede ser que una valga más que la otra. De hecho, habrá momentos en los que la cuota sea mayor de lo que pagarías de alquiler por la misma casa, y al revés.

  Aquí entran en juego las fuerzas del mercado. Si los alquileres suben, los inversores comprarán más casas y mucha gente que tenía la casa cerrada la pondrá en alquiler. También se construirán más viviendas y se adaptarán locales comerciales y otros inmuebles para vivienda. Todo esto hará que el precio del alquiler baje.

  Bien es cierto que hoy día, la oferta de inmuebles está restringida por la Ley del Suelo, y que hay presiones demográficas en todas las ciudades, no solo en España, que hacen que en este momento los alquileres estén subiendo en prácticamente todo el mundo.

Sin embargo, que en un momento dado estén los alquileres caros no significa que lo vayan a estar toda la vida. De hecho, deberías esperar que la situación cambie a medio o largo plazo. Y, si compras una casa, tu inversión es a muy largo plazo. Debes tenerlo en cuenta.

- No se tienen en cuenta los costes ocultos de la compra. Muchos te dirán que su casa les ha costado x cuando en realidad han pagado un 15 o un 20% más, y a tocateja muchas veces.

Supongamos que vives en Madrid, donde una vivienda media viene a costar unos 250.000 €. A esto hay que sumarle (según Idealista[3]):

  - Escritura pública en la notaría: 1.000 €.

  - Inscripción en el Registro de la Propiedad: 500 €.

  - Impuestos:

    - Si la casa es nueva, 25.000 € (10% IVA), más 1.500 € del impuesto de actos jurídicos documentados (AJD).

    - Si la casa es usada, en Madrid es un 6% de impuesto de transmisiones patrimoniales (ITP) y un 0,75% de AJD, lo que hacen 15.000 € y 1.875 € respectivamente.

  - Gestoría (si pedimos hipoteca):

    - Tasación: entre 250 y 600 €. Supongamos 300

---

[3] *Fuente: Idealista.com*

€.

- Notaría y registro: 1.500 €.

- Plusvalía municipal[4]: esto depende de muchas cosas, pero supongamos un 3%: 7.500 €.

  En total, por una casa de 250.000 € vamos a desembolsar 37.300 € más si la casa es nueva, y 16.875 € si la casa es de segunda mano.

  A todo esto hay que sumarle la comisión del agente inmobiliario, que suele rondar el 5-6%.

  Por tanto, considerando un 5%, pagarás 12.500 € más, es decir, 49.800 € más si la casa es nueva y 29.375 € más si es de segunda mano.

- No se consideran los costes de mantenimiento. Cuando alquilas una casa, no pagas, entre otras cosas:

  - Comunidad.

  - Seguros.

  - IBI.

  - Impuestos municipales.

  - Derramas.

  - Reparaciones.

---

[4] La plusvalía la paga el vendedor, pero si compras una casa, no te engañes; la plusvalía estará incluida en el precio final de la vivienda.

- No se tiene en cuenta el coste de oportunidad. Supongamos que pedimos una hipoteca a 30 años para nuestra casa de 250.000 €. Supongamos también que desembolsamos el 20% del total de la operación, que en total es de 299.800 €. Esto supone 59.960 €.

  Ese mismo dinero lo podríamos invertir en fondos de inversión (indexados, por supuesto), que nos reportarían, siendo muy conservadores, un 5% anual. Si lo hacemos, en 30 años tendríamos 258.884,35 €. Este dinero no lo tendríamos si nos compráramos la casa.

- Se minusvalora la incertidumbre del largo plazo. La gente se enamora de una casa sin darse cuenta de que se está atando de por vida a esa decisión. En 20 o 30 años pueden pasar muchas cosas, como que el mercado suba o baje, que te quedes sin trabajo, que tengas problemas de salud que requieran que vivas en otro sitio, etc.

  Por algún motivo, la gente piensa que el precio de la vivienda siempre va a subir, pero muchas veces no es así. Si tienes en cuenta la inflación, en muchas ocasiones cuando has terminado de pagar la hipoteca, la casa vale lo mismo y has pagado un montón de intereses.

  Por no hablar de lo que pasa si tienes un revés serio y el banco ejecuta tu hipoteca... Adiós casa y adiós ahorros, todo de una vez.

- Se minusvalora la posibilidad de ruptura en caso de comprar en pareja. Un clásico también. Una pareja es feliz y piensa que lo van a seguir siendo para siempre. Se compran una casa, que normalmente no pueden permitirse, y luego discuten, a menudo porque no les llega el dinero para pagar la casa que se acaban de comprar y los gastos asociados de los que nadie les habló.

Al final, hay que vender el inmueble y todo son problemas. Que si mitad y mitad no, que yo puse más que tú... Que si ahora no vendemos porque la casa vale menos de lo que pagamos... Que si vivimos como compañeros de piso, pero sin hablarnos... Da para una película de terror.

Si además eres varón y tienes hijos, podrías acabar pagando la hipoteca de una casa en la que no vives, por lo que tendrías que afrontar un doble gasto en vivienda, mas la manutención. Deberías protegerte contra esta eventualidad.

Y por si fuera poco, las penurias económicas suelen ser uno de los principales motivos de ruptura en las parejas. Muchas veces, cuando se quiere vender la casa, se hace en época de crisis, no de bonanza, y la rentabilidad obtenida es menor.

Frente a todo esto, tenemos como alternativa los fondos indexados. Son mucho más fáciles de manejar, más rentables, y no requieren tanto capital inicial.

Además, es mucho más fácil diversificar con fondos de inversión que con inmuebles. Si tu única inversión es tu casa, no estás diversificando tus inversiones.

Por todo lo expuesto, para la mayor parte de la gente, los fondos indexados son mejores desde todos los puntos de vista como inversión, y muy especialmente si la cantidad a invertir es pequeña.

CUÁNDO PUEDE SER BUENO INVERTIR EN INMUEBLES

Pese a todo lo anterior, no todo lo relativo a los inmuebles es malo. Como pequeño inversor, puede ser bueno invertir en inmuebles, siempre y cuando:

- Tengamos suficiente ahorrado para negociar una hipoteca favorable. Es decir, deberemos tener como mínimo un 20% del valor total de la operación, incluidos todos los gastos. Si no, la hipoteca será más cara y perderemos mucho con los intereses.

- Tengamos otras inversiones. Es decir, no solo tenemos para poner el 20% del valor de la casa más gastos, sino que también tenemos al menos la misma cantidad invertida en otras cosas. Si no es así, nos arriesgamos demasiado poniendo todos los huevos en la misma cesta.

- Podamos pagar la letra cómodamente en un plazo razonable. Es decir, si tengo 40 años, no debería admitir una hipoteca de más de 25 años en ningún caso, y esa letra no puede superar el 30% de mis ingresos.

  Si tienes pareja, lo mejor es comprar una casa que te puedas permitir, alquilarla y con ese dinero alquilar otra casa donde viváis en común. Si rompes o te va mal, siempre podrás volver a tu casa o buscar otra.

- El mercado inmobiliario sea favorable. Comprar cuando está caro no es inteligente. Y ten en cuenta que, para los agentes inmobiliarios, siempre es un buen momento para comprar. Su trabajo es vender casas, no lo olvides.

- El inmueble pueda ser alquilado fácilmente. Si te compras

una casa perdida en medio del campo porque el ayuntamiento de turno va a construir allí un montón de parques, avenidas y polideportivos, puede ser que te la pegues y no solo no puedas venderla, sino que nadie quiera vivir allí y tampoco puedas alquilarla.

Para evitarlo, nada como un inmueble en el centro de una ciudad, o cerca de una universidad, hospital, etc. Esos inmuebles siempre se alquilan y suponen, por tanto, mucho menos riesgo.

Si decides comprar una casa, deberías considerar un tipo fijo. Los tipos de interés están en mínimos históricos (en negativo según escribo estas líneas). Recuerda, 30 años son muchos años y no creo que volvamos a ver tipos tan bajos nunca. Tampoco tienen mucho más margen para bajar. Además, siempre sabrás lo que te toca pagar y no tendrás tantos altibajos en tus ingresos.

LOS AGENTES INMOBILIARIOS

Si vas a comprar una casa, seguramente lo hagas a través de un agente inmobiliario. Y no tiene por qué ser malo.

Vender una casa no es fácil. Hay que publicitarla en portales, recibir a gente que quiere verla, negociar el precio de venta y firmar la escritura ante notario.

Este proceso es bastante enrevesado para una persona normal. Además, si no tienes cuidado, puedes ser estafado y perder todos tus ahorros en un santiamén, tanto si compras como si vendes. Por eso, los propietarios suelen recurrir a agentes inmobiliarios para vender inmuebles, aunque cueste dinero, y los compradores deben asumirlo.

Un buen agente inmobiliario puede ayudar mucho en todo el proceso, y con ello se ganan su comisión. Pero uno malo puede hacernos perder dinero y tiempo y causarnos muchos dolores de cabeza. Así que hay que elegirlo bien. Y, para poder elegirlo bien, debemos saber cómo trabajan.

Las inmobiliarias necesitan, por una parte, inmuebles para vender, y por otra, compradores para esos inmuebles. Para captar inmuebles, suelen llamar a los propietarios que se anuncian en portales especializados como Idealista o Fotocasa.

Si conoces a alguien que vendió su casa hace poco te dirá que, en cuanto puso el anuncio, lo llamaron un montón de inmobiliarias para ofrecerle sus servicios. La mayoría de los inmuebles se captan así.

Otros agentes inmobiliarios se especializan en una zona concreta. Se llevan bien con los vecinos, comerciantes y hosteleros de la zona, con los conserjes y, en general, con cualquiera que pueda informarles de que un inmueble va a salir a la venta.

Cuando ocurre, son los primeros en enterarse. Suele ser bueno contar con ellos, porque puedes preguntar en el barrio cómo trabajan y, si encuentras gente contenta con sus servicios, seguramente sean buenos.

A la hora de vender los inmuebles, las inmobiliarias suelen apoyarse en la publicidad en portales inmobiliarios, como Idealista y Fotocasa. Compran anuncios allí y publicitan la casa. Tienen experiencia en eso, así que hacen buenas fotos, escriben buenas descripciones y trabajan con los portales que mejor funcionan para la zona y el tipo de vivienda a la venta.

Cuando un posible comprador contacta con ellos, le preguntarán exactamente qué están buscando y tratarán de averiguar si el interés es cierto y si realmente pueden pagar el inmueble por el que preguntan. Te sorprenderías de la cantidad de gente que llama para cotillear o sencillamente porque se aburren. Un buen agente debería servir de filtro.

Además, si el comprador necesita financiación, en muchos casos son capaces de encontrarla. Así consiguen cerrar operaciones que de otro modo no se llevarían a cabo.

Por tanto los agentes inmobiliarios prestan un servicio por el que deben cobrar. Pero cuidado. Ten en cuenta que el objetivo principal del agente inmobiliario es vender. Para que el inmueble se venda, el precio tiene que ser el adecuado. Y ese precio lo determina el mercado, no el propietario.

Lo normal es que los propietarios pidan más por la vivienda de lo que marca el mercado. Para el propietario, su casa siempre vale más que la de al lado porque hizo tal o cual reforma, porque da al jardín o porque se construyó dos meses después. Por desgracia, el comprador rara vez aprecia estas cosas.

La realidad es que existe un sesgo cognitivo por el cual damos más valor a las cosas nuestras que a las de los demás, y las casas no son precisamente una excepción. Así que no te sorprendas si preguntas por una casa y te encuentras con esto.

Un buen agente inmobiliario sabe cuánto vale realmente un inmueble en un momento dado. Solo tiene que buscar viviendas similares en la zona. Si, por ejemplo, una casa vale 200.000 €, el propietario seguramente pedirá 250.000 €, y lo racionalizará con argumentos varios. Pero nadie ofrecerá más de 200.000 €.

Supongamos que este propietario ha decidido vender su casa, y pide 250.000€. Sabiendo esto, el agente tratará de averiguar la necesidad real que tiene el propietario de vender el inmueble. Si no lo necesita, no perderá el tiempo, y educadamente se quitará de en medio.

Si el propietario sí que necesita vender, entonces es cuando el trabajo comienza de verdad. El agente tomará fotos, y publicará el inmueble en su página web, en portales inmobiliarios[5], revistas especializadas, etc.

Cuando el propietario llama para ver cómo va la venta, le dirán que la casa está cara (50.000€ por encima de su precio) y que por eso no llama nadie (lo cual suele ser cierto). Le recomendarán que

____

[5]   Los portales inmobiliarios suelen cobrar a las inmobiliarias por bloques de anuncios, así que si tienen sitio, publican casas aún sabiendo que están caras y no se van a vender.

baje el precio.

Si el propietario no lo hace, el agente declinará la venta o simplemente dejará de publicar la vivienda en sitios de pago. El propietario pasa a la bolsa de "en seguimiento". Esto quiere decir que lo llamarán en 1 o 2 meses para preguntarle si ya vendió la casa. El agente sabe que no se vendió, porque el precio era excesivo. Así que le propondrá vender a un precio más bajo, y vuelta a empezar.

En el caso de los compradores, el agente inmobiliario tratará siempre de averiguar su capacidad real de pago para poder ofrecerle el inmueble más caro posible, ya que su comisión es mayor cuanto mayor sea el precio de la compraventa.

Da igual por qué vivienda pregunte el comprador. Siempre le ofrecerán inmuebles similares a la vivienda por la que preguntó, ya sea para venderle otro inmueble con una comisión más alta, o para poner en contexto la oferta inicial. Por esto mismo a veces los agentes tienen en cartera casas por encima del precio de mercado; así las que están en precio parecen chollos.

En caso de que sea otro agente el que haya captado la vivienda que interesa al comprador, se repartirán la comisión con él. Esto suele provocar bastantes fricciones entre ellos, porque no siempre está claro quién captó la vivienda y quién captó al cliente. Pero bueno, eso escapa de este libro.

El caso es que si vas a comprar, este servicio de búsqueda "gratis" puede interesarte o no: si tienes poco tiempo, o si quieres invertir, puedes encargarle a un agente inmobiliario que te busque algo concreto, y lo harán muy bien seguramente. Pero también puedes buscar el inmueble que quieres tú mismo y negociar a la baja, ya que sabes que la comisión no se tiene que repartir con nadie. Calcula un 3% de rebaja sobre el precio de mercado.

Resumiendo, si vas a comprar un inmueble, ten muy claro cuánto puedes gastarte y no subas de ahí. Si te gusta un inmueble, haz una oferta a la baja, a ver qué pasa. Muchas veces la gente necesita vender y puedes conseguir buenos precios así.

Si por el contrario vas a vender, busca un buen agente, preferiblemente uno que trabaje tu zona, y asegúrate de que hace bien los filtros y los anuncios, y que sabe cómo hacer bien la compraventa.

Una cosa más: el agente va a repercutir su comisión a alguien. Si te dice que no va a cobrarte, es que le va a cobrar a la otra parte, y si no os cobra a ninguno, entonces es que el precio de la vivienda incluye su comisión. Esto parece obvio, pero, cuando te dicen que te vas a ahorrar 5.000 o 6.000 €, suena estupendo. Nunca es así, tenlo en cuenta.

Por último, si eres un inversor y puedes pagar un inmueble a tocateja, deberías considerar otras opciones, como las subastas públicas, por ejemplo. En la web de Hacienda a veces salen auténticos chollos. Hay agencias especializadas en ayudarte en las subastas públicas. Tal vez te merezca la pena investigarlo.

CAPÍTULO 6: PREGUNTAS FRECUENTES

¿POR QUÉ SIEMPRE INVERTIMOS EN EL FONDO MÁS BAJO?

Porque sencillamente, es el más barato.

Se puede pensar que, si un fondo ha subido, ese es el que está "caliente" y que, por tanto, va a seguir subiendo. Pero es un error.

Los fondos suben y bajan todo el tiempo. Comprando el que esté más barato (bajo), te aseguras de que, cuando se recupere, vas a recoger buena parte de las ganancias. Si inviertes en el que está más alto y baja, te va a costar más recuperarte porque compraste a un precio más alto.

De hecho existe un fenómeno estadístico, conocido como regresión a la media, por el cual los fenómenos aleatorios (como los precios de las acciones) tienden a acercarse a la media cuando tocan valores extremos. Es decir, que, si un fondo sube mucho de golpe, lo normal es que baje poco después, y viceversa.

Al comprar el fondo más bajo nos beneficiamos de este fenómeno estadístico. Si por algún motivo extraño un fondo está más bajo de lo que debería, recogemos ese "rebote".

Por otra parte, al comprar siempre el fondo más bajo, estamos rebalanceando nuestra cartera de forma automática. Esto quiere decir que no tenemos que pararnos a vender unos fondos y comprar otros cada 6 meses o un año, porque en realidad lo estamos haciendo cada vez que invertimos. Si tienes dudas con esto, lee el apartado "La mecánica" del capítulo 2.

Comprar siempre el fondo más bajo no quiere decir que nunca compremos los fondos que suben. Los compraremos cuando toque, porque nuestros porcentajes lo indiquen así y no por lo que pensemos que va a pasar.

Si tienes dudas, piensa que, al comprar el fondo que está más bajo, estás comprando más acciones con el mismo dinero. A largo plazo, es mucho mejor.

¿CUÁNDO VENDO MIS FONDOS?

La respuesta es sencilla. Nunca. Siempre compramos, nunca vendemos. El dinero solo se retira cuando nos jubilamos o si se nos plantea una emergencia real. Debemos mantener la inversión el tiempo suficiente para que el interés compuesto haga su magia.

Y otra cosa muy importante. Tampoco sacamos los beneficios. Si lo hacemos, nuestros ahorros nunca crecerán lo suficiente, como vimos cuando hablamos del interés compuesto (capítulo 1).

Si realmente necesitas el dinero, vende el fondo que haya ido peor. Así pagarás menos impuestos por las plusvalías. Después, rebalancea tu cartera para que vuelva a tener los mismos porcentajes que antes, vendiendo participaciones del fondo que está más alto y comprando las del que está más bajo para volver a los porcentajes que tenías prefijados. Luego sigue ahorrando e invirtiendo como siempre.

TENGO UNOS AHORRILLOS, ¿LO INVIERTO TODO DE GOLPE O POCO A POCO?

Pues depende. Debes tener en cuenta que, estadísticamente, aproximadamente dos de cada tres veces saldrías ganando invirtiendo de golpe. Hay un estudio muy famoso sobre esto, llamado *A Note on the Suboptimality of Dollar-Cost Averaging as an Investment Policy* (Constantinides, 1979).

Puede ser que inviertas de golpe y justo entonces la bolsa sufra un desplome. En ese caso, obviamente sales perdiendo. Si no ocurre, ganas más invirtiendo todo de una vez.

Así que todo depende de tu aversión al riesgo. Si no puedes tolerar una caída del 40% de tu inversión (cosa muy poco probable, pero posible), entonces deberías invertir poco a poco. De lo contrario, mejor todo de una vez.

En general, siempre es mejor no tratar de anticiparse al mercado, e invertir en el momento en que se tiene el dinero disponible. La excepción es que la cantidad a invertir sea muy grande, en cuyo caso tal vez prefieras fraccionarlo, por si acaso.

¿Y SI NO PUEDO AHORRAR NADA?

Desgraciadamente, esta es la situación de la mayoría de los españoles. El porcentaje medio de ahorro sobre la renta disponible cerró su mínimo histórico en 2018, con un 4,9%, según datos del Instituto Nacional de Estadística.

Como norma general, deberías preahorrar al menos el 10% de tus ingresos para tu jubilación. Si ya lo estás haciendo, ¡enhorabuena!

Si no es tu caso, no deberías tratar de ahorrar ese 10% de golpe, ya que si lo haces, lo normal es que no llegues a fin de mes y abandones.

Es mejor hacerlo progresivamente. Según entre dinero en tu cuenta, transfiere una cantidad a otra cuenta, tu cuenta de inversión. Si esta cuenta está en otro banco, ¡mucho mejor!, así evitarás tentaciones.

Esta cantidad debe ser un poco mayor cada mes. Por ejemplo, puedes empezar por ahorrar 10 euros el primer mes, 20 el siguiente y así sucesivamente hasta que llegues al 10% de tus ingresos o al objetivo de ahorro marcado.

Es muy importante que lo hagas según entra el dinero en tu cuenta. Si eres como la mayoría de la gente (y yo no soy diferente, créeme), a fin de mes no queda un céntimo. Ahorra antes de gastar o no ahorrarás nada. Es fundamental.

Además, haciéndolo así te estarás formando un hábito positivo, el del preahorro, y destruyendo uno negativo, el del gasto superfluo. Tener menos dinero disponible te obligará a pensar mejor en qué lo gastas, y esto, aunque doloroso al principio, a la larga es fundamental.

Si ves que algún mes empiezas a ir algo justo, es hora de empezar a reducir gastos. Empieza por lo más obvio, cosas en las que se te va el dinero y que no te dan felicidad. ¿Ese gimnasio al que no vas? Bórrate. ¿Esa revista que no lees, o ese servicio online que no usas? Fuera.

Si no es suficiente, deberás hacer otros ajustes. Lo importante es que priorices tu ahorro sobre otros gastos. A veces duele, pero vale la pena.

Hay mucho escrito sobre el ahorro, así que no me extenderé. Si no eres capaz de ahorrar, pese a intentarlo, existen asesores e incluso coaches financieros para ayudarte. También existen programas online especializados, mucho más económicos, como el de Luis Pita, que encontrarás en su web preahorro.com.

Recuerda que no puede haber inversión sin ahorro. Empieza poco a poco, pero ahorra todos los meses y luego invierte bien lo que ahorres.

¿CÓMO INVIERTO INGRESOS EXTRAORDINARIOS, PAGAS EXTRA, ETC.?

Deberías transferir al menos una tercera parte de todos tus ingresos extraordinarios a tu cuenta de ahorro, y hacerlo en el momento en que los cobras, antes de que tengas ocasión de gastártelos.

Si tienes una paga extra de 1.500€ y pensabas usarla para irte de vacaciones, puedes hacerlo igualmente con 1.000€. Seguramente debas elegir un destino o un alojamiento un poco peor, o gastar allí un poco menos, pero las disfrutarás igual. ¡Tal vez incluso más!

Lo importante es que, al planificar tus vacaciones, en tu cabeza no tienes 1.500€, tienes 1.000€. Los otros 500€ están invertidos, no existen ya para gastar.

Créeme: la satisfacción extra de unas vacaciones un poco mejores no son nada si la comparas con la tranquilidad de que, si pasa algo, tienes con qué hacerle frente y que te vas a poder retirar tranquilo. Lo comprobarás cuando veas tus ahorros crecer mes a mes.

¿CÓMO AFECTA A MI PLAN DE INVERSIÓN UNA SUBIDA DE SUELDO?

Cuando te suben el sueldo, normalmente subes de forma automática tu nivel de vida en la misma proporción, ya sea consciente o inconscientemente. No caigas en esa trampa.

En lugar de eso, incrementa también tu ahorro, de modo que, si te suben 100 €, ahorras 25 más. Tienes los otros 75 para disfrutarlos. Así aumentas a la vez tu nivel de vida y tu nivel de ahorro.

Recuerda que, como mínimo, deberías estar ahorrando un 10% de tus ingresos. Si ya lo ahorrabas y te suben el sueldo, sube tu ahorro lo suficiente para cubrir ese 10%. Si lo subes más, tanto mejor.

Las subidas de sueldo suelen ser los mejores momentos para aumentar nuestra tasa de ahorro, es decir, el porcentaje ahorrado del total que cobramos. Piensa que, si no ves el dinero, no lo malgastarás. Vivirás igual o mejor, y tendrás más ahorros en el banco.

Sé inteligente. Cuando te suban el sueldo, aprovecha para ahorrar más. Merece la pena.

¿CÓMO INVIERTO SI MIS INGRESOS SON IMPREDECIBLES?

No todo el mundo tiene una nómina. Hay gente que tiene ingresos muy irregulares, como profesionales liberales, vendedores, etc. Si es tu caso, te recomiendo antes de nada te hagas con un buen colchón de ahorros.

Para saber cómo de grande debe ser tu colchón, debes calcular cuánto gastas al mes. La forma más sencilla de hacerlo es ver lo que ingresaste el último año (lo tienes en tu declaración de la renta), restar lo que ahorraste y dividir por 12.

Tu colchón debería cubrir al menos 3 meses de gastos, o el triple de lo que tardas normalmente en tener ingresos. Si soy agente inmobiliario y vendo una casa cada dos meses, 6 meses de colchón.

Cuando cobres, rellena tu colchón, y el resto lo inviertes. Y guarda un poquito también para celebrar esa venta. Fácil, ¿no?

¿ESTÁ SEGURO EL DINERO QUE METO EN MIS FONDOS?

La respuesta corta es sí, está perfectamente seguro. Es más, puedo asegurarte que el dinero invertido en tus fondos está muchísimo más seguro que en cualquier otro activo.

En primer lugar, los fondos de inversión están fuera del balance de tu banco. Esto significa que, aunque el banco cerrase, el dinero no se perdería, pues está invertido en una entidad independiente, fuera del alcance de acreedores, gestores, etc. Los fondos serían trasladados a otra entidad gestora y tú siempre podrías llevártelos a otro banco.

Además, en España existe una garantía de hasta 100.000 € por fondo, cubierto por el FOGAIN (Fondo de Garantía de Inversiones). Deberías verificar que tu banco esté adherido a este Fondo y tratar de no superar esos 100.000 € por fondo, por si acaso.

Los fondos de inversión tampoco están en el balance de la sociedad gestora del fondo, es decir, de la empresa a la que tu banco compra las participaciones en el fondo. Si, por ejemplo, Vanguard quebrase, se buscaría otra gestora y los fondos serían traspasados. Luego tú podrías moverlos si quisieras.

En realidad, el mayor riesgo de un fondo es que quienes lo llevan miren por sus intereses y no por los de sus partícipes. Si lo hacen, perderás dinero de un modo perfectamente legal. Otro punto para los fondos indexados: ahí no hay nada que decidir por parte de ningún gestor.

En resumen, cuando compras fondos de inversión, tú eres siempre el dueño de las participaciones. No pueden quitártelas.

Algo que sí puede ocurrir es que no te permitan retirar tu dinero de los fondos cuando quieres hacerlo. Esto pasó al comienzo de la crisis de 2008 con algunos fondos inmobiliarios: muchos inversores querían retirar dinero a la vez, y para eso el fondo debía vender inmuebles. Esto no se hace de un día para otro, así que los inversores tuvieron que esperar y debieron asumir pérdidas mayores.

Por el contrario, con un fondo basado en acciones o bonos, cuando quieres retirar dinero, la gestora vende los títulos (acciones o bonos) correspondientes automáticamente. Esto siempre es posible, porque esos títulos pertenecen a empresas muy grandes y solventes o a Estados soberanos. Por tanto, es prácticamente imposible que no puedas retirar tu dinero en cualquier momento.

UNAS PALABRAS FINALES

Hemos visto muchas cosas en este libro, pero creo que la conclusión está muy clara. Si queremos multiplicar nuestro dinero y que esto tenga un impacto real en nuestras vidas, debemos invertir como mínimo un 10% de nuestros ingresos todos los meses durante al menos 15 años, y hacerlo en una cartera bien diversificada que contenga una buena proporción de fondos indexados.

Si lo hacemos, podemos estar tan seguros como es humanamente posible de que estamos haciendo las cosas correctamente y que, salvo catástrofe, nos irá bien. Seremos libres financieramente, y tendremos la capacidad de hacer frente a imprevistos, cambiar nuestra carrera profesional, emprender un negocio o cualquier cosa que nos propongamos. Además, tendremos menos estrés y viviremos igual de bien todo este tiempo, o mejor.

También hemos visto las dificultades que nos encontraremos. Tenemos claro que los mercados financieros fluctúan con fuerza. Ahora que lo sabemos, estamos preparados para cuando vengan mal dadas.

Gracias a que somos sistemáticos y a que tenemos un plan, no entraremos en pánico a la mínima que la cosa pinte fea, y seremos recompensados con jugosas ganancias cuando los mercados se recuperen.

Asimismo, hemos comprobado que esto de las finanzas es un mar lleno de tiburones. En cuanto nos descuidamos, nos roban la cartera. Conocemos mejor a nuestros principales enemigos: las comisiones, el marketing y el entorno.

Somos conscientes de que debemos comprar siempre fondos indexados y buscar las mínimas comisiones posibles, y de que nos van a tratar de vender justo lo contrario. Ahora que lo sabemos, no seremos un blanco fácil.

Tampoco escucharemos ya a los gurús, a las noticias, a los que confunden invertir con especular, a los que solo hablan del ladrillo ni a los que gastan como si fueran a morir mañana.

Por otra parte, hemos visto lo que suponen las inversiones en inmuebles. Hemos constatado que no todo el campo es orégano, y también cómo trabajan los agentes inmobiliarios. Hemos comprobado que comprar una casa puede ser una buena inversión, pero no debe ser nuestra única inversión.

En definitiva, ya estás preparado para invertir de verdad. Si aún no lo has hecho, ya sabes lo que tienes que hacer. Ábrete una cuenta de inversión, transfiere todos los meses una buena cantidad de forma automática el día que cobres e inviértela en fondos indexados.

Si tu banco no quiere vendértelos, busca otro banco. Todos los meses, invierte en el fondo que esté más bajo, y hazlo así todos los meses, pase lo que pase, durante 15 años o más. Tu futuro estará asegurado.

ANEXOS

1. OTROS EJEMPLOS DE CARTERAS

Cartera Warren Buffet: Warren Buffet, que es uno de los mejores inversores de nuestro tiempo y una de las personas más ricas del mundo, dijo que, cuando él no estuviera, quería que su patrimonio fuera gestionado así:

- 90%: fondo indexado basado en el índice Standard & Poor's.

- 10%: fondo indexado en renta fija.

Seguramente lo fía todo al Standard & Poor's porque cree que ya está suficientemente diversificado y porque es estadounidense y, por lo tanto, sus herederos gastarán los rendimientos del fondo en dólares.

Con respecto a su cartera, Warren Buffet dijo: "Creo que los resultados a largo plazo obtenidos por esta estrategia (la expuesta arriba) serán superiores a los obtenidos por la mayor parte de los inversores, ya sean fondos de pensiones, instituciones o inversores individuales, que usan gestores que cobran altas comisiones".

Cartera de la Universidad de Standford[6]:

---

[6]   *Fuente: Web de la universidad de Standford*

- 60% en renta variable:

  - 50%: fondos indexados de EEUU.

  - 35%: fondos indexados de Europa.

  - 10%: fondos indexados de otros países desarrollados.

  - 5%: fondos indexados de países en desarrollo.

- 40% en renta fija.

Esta cartera está muy diversificada globalmente. Al tener una buena cantidad de renta fija, debería fluctuar poco, pero sin afectar demasiado a la rentabilidad del conjunto a largo plazo.

No me gusta demasiado porque tiene mucha renta fija. Cuando se diseñó esta cartera, los tipos de interés no estaban tan bajos. Yo personalmente creo que por eso es mejor no invertir tanto en renta fija, pero ya sabes, a largo plazo todo es opinable.

Cartera "perezosa" de Vanguard:

- 50% en renta fija, invirtiendo en el fondo Vanguard Total Bond Market Index.

- 50% en renta variable, invirtiendo en el fondo Vanguard Total Stock Market Index.

Lo mejor de esta cartera es su simplicidad. Podemos invertir siempre mitad y mitad, y luego, una vez al año, rebalancear la cartera, es decir, vender el fondo que haya ido mejor para comprar el que ha ido peor, o bien invertir mes a mes en el que esté más bajo.

En este caso, también creo que tiene demasiada renta fija.

Cartera con 3 fondos Vanguard:

Para gente alrededor de los 25 años:

- 40% en Vanguard Total Stock Market Index.

- 40% en Vanguard Total International Stock Index.

- 20% en Vanguard Total Bond Market Index (renta fija).

Para gente alrededor de los 40 años:

- 40% en Vanguard Total Stock Market Index.

- 25% en Vanguard Total International Stock Index.

- 35% en Vanguard Total Bond Market Index (renta fija).

Como ves, esta cartera incluye renta fija en proporción mayor según la edad, para limitar las fluctuaciones y limitar el riesgo de que, cuando llegue el momento de retirar el dinero, la cartera haya perdido mucho valor.

Carteras de Finizens[7]:

Categoría de Activo	Instrumento Financiero	Cartera 1	Cartera 2	Cartera 3	Cartera 4	Cartera 5
Acciones Europa	Vanguard European Stock Idx Ins EUR Acc	4,81%	10,87%	15,53%	20,5%	24,85%
Acciones Países Emergentes	Vanguard Emerg Mkts Stk Idx Ins EUR Acc	2,75%	6,21%	8,88%	11,72%	14,2%

---

[7] · Según estaban publicadas en su web el 11 de Agosto de 2019. Pueden consultarse en su web: https://finizens.com/guia/carteras/nuestras-carteras/

Acciones Japón	Vanguard Japan Stock Index Ins EUR Acc	0,69%	1,55%	2,22%	2,93%	3,55%
Liquidez	Liquidez	1%	1%	1%	1%	1%
Bonos Gobiernos Europeos	Vanguard Euro Govt Bd Idx Ins EUR Acc	28%	21,33%	16,33%	11%	6,33%
Acciones Estados Unidos	Vanguard US 500 Stock Index Ins EUR Acc	5,5%	12,43%	17,75%	23,43%	28,4%
Bonos Empresas Europeas	Vanguard Euro IG Bd Idx Ins EUR Acc	28%	21,33%	16,33%	11%	6,33%
Bienes Raíces	Amundi IS FTSE EPRA NAREIT Global IE-C	1,25%	3,95%	5,63%	7,42%	9,01%
Bonos Globales Agregados	Vanguard Global Bond Index Ins EURH Acc	28%	21,33%	16,33%	11%	6,33%
Total		100%	100%	100%	100%	100%

Estas carteras son muy complejas. En mi opinión, demasiado para un inversor particular. Pero, como ves, están muy bien diversificadas, pues invierten en todo el mundo y lo hacen en acciones, bonos y bienes raíces.

Si tu objetivo es diversificar por actividad, puedes comprar un fondo que invierta en acciones de todo el mundo, renta fija a nivel mundial y bienes raíces a nivel mundial. Tu cartera debería comportarse más o menos igual.

La cartera de Sergio Yuste: Sergio Yuste es un inversor experto, y es conocido por su blog gestionpasiva.com. Allí publica no solo su cartera, sino los rendimientos que ha ido obteniendo. A 11 de agosto de 2019, la composición de su cartera es ésta:

Broker	Fondo de inversión	Gestora	OGC	ISIN	Activo	Zona Geogr.
BNP Paribas	Amundi Index MSCI World - AE (C)	Amundi	0,30%	LU0996182563	Renta variable	Global países desarrollados
BNP Paribas	AMUNDI FD ID EQ EM MKTS "AE" (EUR)	Amundi	0,45%	LU0996177134	Renta variable	Países emergentes
BNP Paribas	Vanguard Global Bond Index Fund Investor EUR Hedged Accumulation	Vanguard	0,20%	IE00BGCZ0933	Renta fija	Global países desarrollados

119

2. EL IMPACTO DE LAS COMISIONES

Un ejemplo típico: tienes un amigo en tu banco que te ofrece un fondo con unas comisiones del 2%, por ejemplo, mientras que las de otro fondo son del 1%.

Supongamos que las rentabilidades de los fondos son iguales y que la única diferencia son las comisiones. Imaginemos que invertimos 100.000 € y que el fondo sube un 7% anual. Entonces las rentabilidades serían:

	7%	6%
1 año	107.000,00	106.000,00
5 años	140.255,17	133.822,56
10 años	196.715,14	179.084,77
15 años	275.903,15	239.655,82
20 años	386.968,45	320.713,55
25 años	542.743,26	429.187,07
30 años	761.225,50	574.349,12

Fíjate: en 30 años, el dueño del banco de tu amigo se habrá comprado un Ferrari gracias a tu inversión de 100.000 €, "solo" con un 1% de diferencia.

3. GRÁFICOS BURSÁTILES

Evolución del índice Dow Jones:

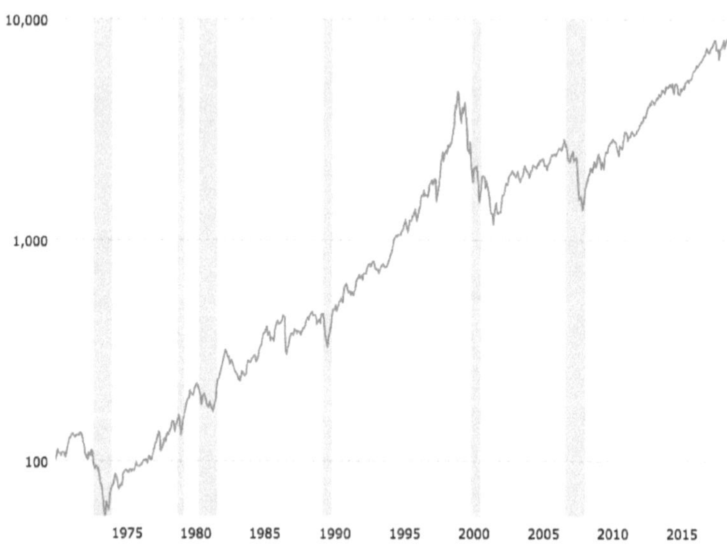

Evolución del índice Nikkei (Japón):

Evolución de la bolsa de Shanghai (China):

Evolución de la bolsa alemana (DAX30):

Evolución de la bolsa francesa (CAC-40):

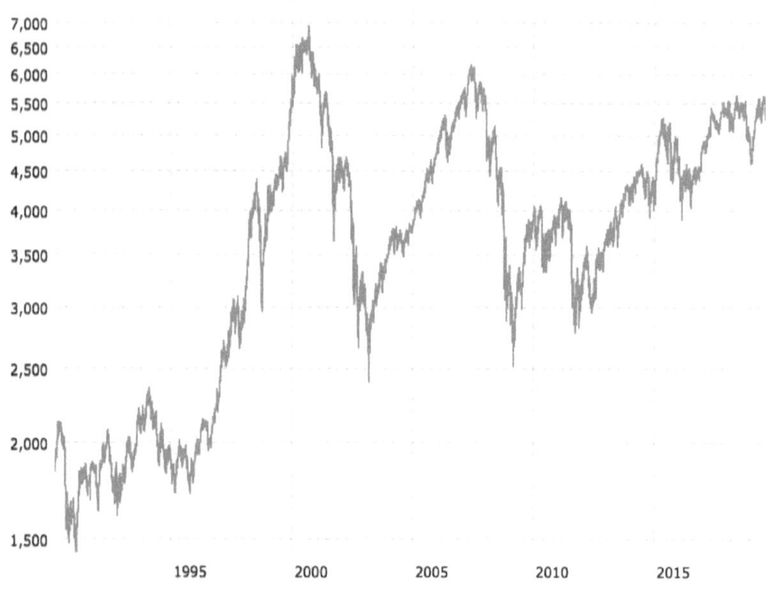

Evolución de la bolsa española (IBEX 35):

Fuente: Macrotrends.

129

PARA SABER MÁS

LIBROS

- *Ten peor coche que tu vecino,* por Luis Pita.

- *I Will Teach You to Be Rich,* por Ramit Sethi.

- *El millonario de la puerta de al lado,* por Thomas J. Stanley.

- *Unshakable,* por Tony Robbins.

- *El pequeño libro para invertir con sentido común,* por John C. Bogle.

- *Dinero: domina el juego. Cómo alcanzar la libertad financiera en 7 pasos,* por Tony Robbins.

- *Principios,* por Ray Dalio.

- *Pensar rápido, pensar despacio*, de Daniel Kahneman.

BLOGS

- *Preahorro*: https://preahorro.com

- *Gestión Pasiva*, por Sergio Yuste: https://www.gestionpasiva.com/

- *The Simple Dollar:* https://www.thesimpledollar.com/

YOUTUBE

- Canal Common Sense Investing, de Ben Felix.

- Canal de <u>Dimitri Uralov</u>.

- *How I lost $350K daytrading stocks and what I learned from it*, por Techlead, <u>https://www.youtube.com/watch?v=5IcvRe8bQhU&t=549s</u>

- *How the economic machine works*, por Ray Dalio.

AGRADECIMIENTOS

Este libro está escrito por y para mis amigos. Sin vosotros, nada de esto tiene sentido. Gracias por estar ahí y por ayudarme en este proyecto.

Quiero agradecer especialmente su ayuda a Íñigo, Cristina, Fernando, Mari Carmen y Rafa, entre otros, por su feedback. Su interés y sus conocimientos han corregido errores, ampliado conceptos y actualizado informaciones. El texto que lees es mucho más sólido gracias a ellos.

También quiero agradecerle a Luis Pita el detalle de escribirme el prólogo, y su disposición a ayudarme siempre que puede.

Asimismo quiero agradecer especialmente su valentía a los que, sin estar de acuerdo conmigo, me lo dicen. Sé que algunas cosas que expongo son polémicas y muy opinables. Gracias a todos los que pese a todo, me ofrecéis puntos de vista diferentes.

La portada es un diseño de Peter Bosque, a quien debo agradecer su paciencia. Su talento creativo es enorme.

Aparte del libro en si, los chicos de la agencia de comunicación Buenamanera me han ayudado enormemente con todos los aspectos de la promoción. Sin ellos, seguramente este libro no estaría entre tus manos. Mil gracias desde aquí también.

Y por último, quiero agradecerte a ti, querido lector, que hayas llegado hasta el final de este libro. Ojalá algo de lo expuesto aquí te sirva para ser más libre financieramente, y tal vez gracias a eso, un poco más feliz.

www.ingramcontent.com/pod-product-compliance
Lightning Source LLC
Chambersburg PA
CBHW031233250726
48655CB00005B/1938